dez considerações sobre o
tempo

Bodil Jönsson

Dez considerações sobre o
tempo

Tradução
MARCOS DE CASTRO

JOSÉ OLYMPIO
EDITORA

Título original em sueco
TIO TANKAR OM TID

© *Bodil Jönsson e Brombergs Förlag*, 1999

Reservam-se os direitos desta edição à
EDITORA JOSÉ OLYMPIO LTDA.
Rua Argentina, 171 – 1º andar – São Cristóvão
20921-380 – Rio de Janeiro, RJ – República Federativa do Brasil
Tel.: (21) 2585-2060   Fax: (21) 2585-2086
Printed in Brazil / Impresso no Brasil

Atendemos pelo Reembolso Postal

ISBN 85-03-00784-3

Capa: Isabella Perrotta/Hybris Design
Foto de capa: Maria Amélia Mello

CIP-Brasil. Catalogação-na-fonte
Sindicato Nacional dos Editores de Livros, RJ.

J67d	Jönsson, Bodil Dez considerações sobre o tempo / Bodil Jönsson; tradução de Marcos de Castro. – Rio de Janeiro: José Olympio, 2004.

Tradução de: Tio tankar om tid
ISBN 85-03-00784-3

1. Tempo -- Filosofia. 2. Percepção temporal. 3. Espaço e tempo. I. Título.

03-2759

CDD – 115
CDU – 115

SUMÁRIO

Para ler com prioridade   7

1. O tempo — o próprio do homem   11
2. O tempo dos relógios e o tempo vivido   29
3. Tempo de parada   41
4. Tempo inteiro e tempo dividido   55
5. TTT — pensar toma tempo   71
6. Proximidade e presença   83
7. Marcha da mudança e percepção do tempo   97
8. Ritmo e arritmia   119
9. Pensar para a frente, pensar ao contrário   133
10. Por que há tão poucos *caniches*?   147

PARA LER COM PRIORIDADE

Familiarizei-me há mais de vinte anos com boa parte dos pontos abordados neste livro. Isso significa que as idéias que aqui estão já foram tratadas em numerosas cartas, conversas, conferências, artigos, programas de rádio, e em vários tipos de obras. Podemos encontrar muitas delas em A bolsa diferente, *o livro-cassete que Karin Örnfjäll e eu gravamos em dezembro de 1997.*

E agora, por encomenda, essas coisas assumem a forma de um livro impresso. "Por encomenda", bem sei, pode soar pretensioso, mas fui pressionada pelos pedidos. Não fico muito surpresa com isso, porém. No decorrer desses vinte anos de reflexões sobre o tempo, dei-me conta de que muitas pessoas meditam sobre sua relação com o tempo. Querem discutir sobre isso, ser encorajadas, trocar idéias. Não para rejeitá-las, mas para compreendê-las, até mesmo para aproveitá-las.

O tempo não é uma questão que se possa resolver de uma vez por todas. Não, será preciso agir como eu: trata-se de um processo que dura a vida toda, no qual sempre haverá a necessidade de subir e descer uma escadinha de quatro degraus. Para subir o primeiro degrau, é essencial deixar de lado uma visão do tempo através destas frases deprimentes: "Ah, tenho tão pouco tempo!", "Não, não tenho tempo", ou ainda "Realmente, não vejo como arranjar tempo".

Vencido o primeiro degrau, você começará a ver que a rejeição não é a única relação possível com o tempo. Se chegar ao segundo degrau, isso quer dizer que está no ponto para encontrar as maneiras mais metódicas de considerar o seu próprio tempo e a sua utilização. Nele, talvez você reconheça idéias, formule considerações, associe reflexões. Talvez chegue a rir de si mesmo (de leve), perguntando: "Puxa, ainda estou neste estágio?" Um degrau acima, você saberá como descrever suas idéias sobre o tempo e o seu modo de viver no coração do tempo que passa. Essa etapa é importante não só para discutir com os outros, mas também ajuda enormemente na reflexão pessoal. Apenas apreendendo claramente suas próprias idéias é que se poderá dispor de uma base firme para continuar. Chegando a esse ponto, não há necessidade de recomeçar do zero a cada vez. Digamos mesmo que sua escala pode ser curta, e você pode alçar-se ao quarto degrau, de onde será possível comparar seus métodos com outros igualmente consideráveis.

Uma vez sobre o quarto degrau, você descansa por um instante e pensa ter compreendido tudo o que é importante quanto à relação com o tempo. Mas basta um nada, e eis a reincidência nos velhos e maus hábitos, o fim da contemplação estóica. Recomece então no primeiro, no segundo e no terceiro degraus, e isso será cada vez mais fácil.

Voltarei a utilizar a escada neste livro, porque se trata de uma imagem pessoal talvez conveniente apenas a mim. Em compensação, dividirei com vocês algumas idéias que me vieram ao espírito enquanto eu a subia penosamente — ou quando a minha tentativa degringolava. E ficarei feliz se estas considerações lhes forem úteis de algum modo.

Porque a redação foi uma delícia, tanto colhendo aqui e ali o velho como entremeando nesse conjunto o novo para chegar a formar um buquê. E, para coroar tudo, houve o prazer de datar assim este livro: três "1" e três "9" significam alguma coisa. Tão notável como um "2" seguido de três "0"...

Stenshuvud, 1-1-1999
BODIL JÖNSSON

CAPÍTULO 1

O *tempo* —
o próprio do homem

Quase não há ídolos em minha vida. Com uma exceção, talvez: minha avó paterna. Ela morreu antes que eu completasse sete anos. É ela quem domina as raras lembranças concretas que tenho de minha infância.

As razões que explicam a força dessas lembranças sem dúvida são muitas, mas uma me vem ao espírito imediatamente: ela tinha tempo. Segundo os nossos critérios, faltava-lhe espaço, às vezes alimentação, aquecedor e luz. Mas tinha tempo. Nunca dava a impressão de que lhe faltava tempo, ela não via a vida assim.

Duas gerações depois, faço parte de uma sociedade e de uma cultura que imaginam não ter tempo e, assim, falta-lhes a única coisa que é própria do ser humano.

Na Suécia, uma vida dura, em média, 30 mil dias. Esse é o nosso capital, nossa riqueza individual. Como conseqüência, não é nem justo nem digno, sob um ponto de vista humano, aceitar que o tempo seja transformado em um bem sempre em falta, tal como o encaramos.

Como foi possível que o relativo bem-estar dos anos 50 — depois de meio século de melhoria das condições de vida — tenha conduzido a um mal-estar tão evidente e a um ritmo como que desequilibrado vivido por muitos? A causa fundamental talvez seja o fato de que o ritmo mental inato ao homem é flexível e adaptável a um grau que lhe faça mal. Quando o homem criador começou a rodear-se cada vez mais de técnica, condenou-se a levar uma existência na qual não é mais o dono de seu tempo. A criatividade do homem, sua inventividade, sua sensibilidade e sua flexibilidade chocaram-se contra a técnica previsível, despida de imaginação e resistente à mudança. Ou, em outras palavras, o homem, com suas qualidades — distraído, ilógico, desorganizado e sentimental —, tenta coexistir com uma técnica bem-organizada, dona de uma boa memória, que é exata, lógica e inflexível.

A incapacidade do homem de resistir a uma acomodação do tempo exterior a suas qualidades não surgiu no correr da evolução. Quando Leonardo da Vinci realizou seu célebre quadro do homem como medida de todas as coisas, tratava-se de uma imagem *geométrica*. Quase não havia necessidade de pensar senão em termos de comprimentos, superfícies, volumes — e de suas relações. Nossa época tem necessidade de uma nova imagem do homem como medida do tempo de todas as coisas. Mas ela ainda não foi descoberta.

A BOLSA DIFERENTE

O que possuímos que seja passível de se converter em dinheiro ou em relações humanas? Ou em interação com as coisas que nos rodeiam (meio ambiente, natureza, técnica, produtos)? Ou para aprender a aprofundar os nossos sentimentos e os nossos conhecimentos? Muito bem, temos o tempo. Considere a seguinte ilustração: temos uma carteira comum, ou uma bolsa, digamos, na qual a primeira divisão é aquela em que se costuma guardar dinheiro. Um segundo compartimento, nela, destina-se ao nosso meio humano, nossos próximos e as outras pessoas que nos rodeiam. O terceiro contém o mundo no sentido da natureza, do meio ambiente e da atividade criadora. Por fim, há um compartimento para o mundo interior: os pensamentos e os sentimentos.

À primeira vista, essa distribuição é desinteressante e vã, uma vez que é impossível converter o conteúdo de todos os compartimentos. O dinheiro não compra o saber, os negócios não se trocam pelas relações humanas. Entretanto, ao lado da bolsa, vê-se o símbolo do padrão-ouro: o tempo. Portanto, é o tempo que constitui o verdadeiro capital.

Na maior parte das vezes, usam-se alguns desses compartimentos simultaneamente. Entretanto, será muito instrutivo tentar separá-los. Percebe-se, então, que uma parte considerável dos esforços individuais e comuns está no compartimento do dinheiro. O que aconteceria se viéssemos a redistribuir as coisas pelos quatro compartimentos? Melhor ainda: o que aconteceria se déssemos mais peso ao que constitui o curso da troca, que possibilita os depósitos e as retiradas, quer dizer, ao tempo? Que haveria se nos concentrássemos no padrão-ouro em vez de nos importarmos com os diversos compartimentos? Neste caso, não deveríamos tentar seriamente instituir um Escritório de Proteção do Tempo, assim como temos um Escritório de Proteção do Meio Ambiente?

FALTA UMA PEÇA ESSENCIAL

Quando a economia descarrilha, quando o sistema ecológico vacila, quando a terra, o ar e a água são vítimas de incontáveis agressões, e quando ninguém vê mais do que uma fração limitada dos sintomas, estamos mais uma vez no momento preciso de parar para pensar. E se já não funcionar a peça essencial para vedação? Mais ou menos como quando se interpretou equivocadamente a causa principal dos sinais de alarme de repente disparados na central nuclear de Three Mile Island. Todas as medidas tomadas estavam corretas, de acordo com o manual, mas inoperantes, porque se baseavam numa causa falsa. Em só uma válvula gasta. Como ninguém notou isso, cometiam-se erros sobre erros.

Nesse contexto, nosso meio ambiente, nossas relações sociais e nossa tranqüilidade de espírito podem ficar muito ameaçados se não for usado o parafuso essencial — quer dizer, nossa relação com o tempo. E se for ele que estiver desgastado? E se uma percepção do tempo diferente nos levar, como efeito secundário, a uma atitude mais ecológica e mais eficaz do que as medidas ecológicas já tomadas?

De qualquer modo, todas as tentativas para nos afastarem da regra "tempo é dinheiro" serão boas. Dá-se o mesmo quanto a tudo que possa nos afastar da idéia de que o dinheiro constitui o padrão-ouro da vida. Houve um tempo em que esse perigo foi ainda mais claro para o homem. É o caso, por exemplo, de quando as esposas dos trabalhadores agrícolas (diaristas) resistiram às exigências dos sindicatos e reivindicaram que seus maridos obtivessem retribuição financeira por seu trabalho, quer dizer, por seu tempo. Até então, o pagamento se efetuava sob a forma de mercadorias, que eram a base de sua sobrevivência. O único dinheiro de que dispunham os lares era ganho pelas mulheres. Se, além de ordenhar dez ou quinze vacas muitas vezes ao dia, elas conseguissem executar alguns trabalhos miúdos, ganhavam alguns tostões. Um dinheirinho, certamente, porém essencial. Mas a idéia de que *todo* trabalho, inclusive o do marido, pudesse ser pago em espécie, quer dizer, a própria idéia de transformar o tempo em dinheiro, foi vista como uma real ameaça.

Muita água rolou por baixo da ponte, e uma grande parte do desenvolvimento ocidental passou a concentrar-se no fato de "economizar" tempo. Não resisto a lembrar um dos meus exemplos preferidos para mostrar a extensão de nossa estupidez, quando falamos em "economizar tempo" em nossa sociedade ocidental. Você mora a 50 quilômetros de seu local de trabalho, percorre, portanto, 100 quilômetros por dia de carro. Isto lhe toma cerca de uma hora. Mas realmente será preciso gastar uma hora para andar 100 quilômetros? Façamos um cálculo. (Os números estão ligeiramente ultrapassados, mas as proporções estão corretas.) Fazer 100 quilômetros de carro equivale a gastar cerca de 200 coroas por dia. O salário médio na Suécia é de 50 coroas por hora, abatido o imposto. Serão necessárias, portanto, quatro horas para ganhar o dinheiro equivalente ao trajeto percorrido de carro. Assim, para estes 100 quilômetros de carro não se gasta o equivalente a uma hora, porém a 1 + 4 horas: 5 horas! A velocidade média é então de 20km/h (100 quilômetros divididos por 5 horas). Nesse caso, é melhor ir de bicicleta!

RECONSIDERAR A QUESTÃO?

Esse exemplo é impressionante. Como tirar proveito dele? Não é exatamente fácil dizer ao empregador: "Vou reorganizar o meu tempo. Em vez das oito horas de trabalho mais uma hora de carro, passarei a trabalhar cinco horas e a gastar quatro horas vindo e voltando na minha bicicleta." O indivíduo não vive isolado no mundo e não pode mudar as coisas de acordo com seu único interesse. Vive enquadrado por uma série de coisas, limitado pela economia, os locais de trabalho, a localização dos centros comerciais, dos hospitais e de todo o setor público. A maior parte das coisas está ao alcance do carro. Mas isso não significa que seja perigoso ou inútil dizer a si próprio: "De qualquer jeito, poderei muito bem ir de bicicleta." Por um lado, é sempre possível trocar um mísero hábito por alguma coisa mais agradável. Por outro, as grandes mudanças começam sempre assim. Exemplos, cálculos, imagens, metáforas e comparações nos ajudam a rir da maneira pretensamente racional com a qual organizamos a nossa vida.

A partir desse exemplo, eu poderia examinar todos os outros setores de nossa existência. Considerar, por exemplo, o preço de uma passagem de avião e perguntar a mim mesmo se não poderia utilizar a minha bicicleta! Seríamos de tal forma pressionados que seria impossível agir de outra forma? Talvez. Às vezes. Em todo caso, algumas coisas não andam tão rapidamente quanto imaginamos. Pagamos os pretensos ganhos de tempo com o nosso trabalho para assim oferecermos a nós mesmos um modo de como economizar o nosso tempo.

Quando alguém me fala da última engenhoca comprada para ganhar tempo, pergunto — quando ouso: "E o que você vai fazer com esse tempo?" É uma boa pergunta, mas perigosa. Põe o dedo exatamente na válvula de vedação essencial. Aqui e agora, temos a sensação de que o tempo nos escapa, que passa cada vez mais rapidamente. Que fazer? Compramos alguma coisa para ganhar tempo. Mas o tempo continua acelerado, então compramos outra coisa para economizar ainda mais tempo...

Comecei a pensar no assunto quando tinha trinta anos. Tinha três filhos pequenos e um trabalho apaixonante — e o tempo passava cada vez mais depressa a cada dia. Discuti com uma senhora que, na época, me parecia muito velha — acabara de completar cinqüenta anos. Quando tentei, desajeitadamente, explicar que achava angustiante que o tempo passasse sempre tão depressa, ela me respondeu: "Como uma pessoa tão jovem pode dizer isso! Espere e você verá."

As palavras dela me impressionaram. Porque uma coisa os cientistas sabem fazer — e essa coisa é pensar de maneira lógica. Se toda essa aceleração, toda essa rapidez, da qual eu começava a tomar consciência, ia piorar, então a vida acabaria logo. E isso eu absolutamente não queria. Era muito agradável viver.

TIME-OUT

Uma semente tinha sido plantada. Comecei, em silêncio, meu projeto pessoal: "parar o tempo". Tentei um método muito eficiente: não fazer nada durante um momento em vez de correr para todo lado feito uma maluca. Afinal, há nada e nada. No meu caso, não fazer nada sempre representava muito.

Eis como isso se deu. Depois do Natal, pedi uma licença de dois meses (o termo *time-out* ainda não era empregado em sentido amplo, naquela época, mas ele se ajusta muito bem).

Eu não estava doente, nem estafada, nem deprimida. Só queria parar o tempo. Na primeira semana, arrumei o sótão e comecei os preparativos para deixar o assoalho brilhando. Mas me acalmei. Não saía de casa. Isso era o essencial: não estar de cá para lá, não fazer outra coisa. Esperar. E a eternidade do tempo voltou lentamente. O pânico ("Mas o que devo fazer? Que foi que eu esqueci?") e a angústia ("Meu Deus, o que vou fazer agora?") se dissiparam. Volto sempre a pensar nisso, o fato é que o tempo nunca mais me pareceu passar tão depressa depois dessa licença, desse *time-out*. E mais, estou convencida de que esse artifício poderia ser renovado. Se alguma vez me sentir de novo como um hamster à roda de sua gaiola, voltarei ao meu *time-out*, e retomarei uma existência em harmonia com o curso do tempo.

No dia-a-dia, utilizo esse bom e velho truque, se bem que em menor escala. Claro, a vida traz a sua carga de complicações, a mim também. Muito freqüentemente. Porém, na maioria das vezes, posso dar uma ligeira recuada, respirar e recomeçar com nova disposição. E quando estou de novo na roda do hamster, faz uma grande diferença saber que não estarei me agitando lá para sempre. "Vamos embora, agora (mais tarde, mais cedo) saio de lá!"

Intimamente, sei que, de agora em diante, não estou pressionada. Tenho tempo. Sei que esse jeito racional irrita algumas pessoas. Personalidades conhecidas e desconhecidas me mostraram isso pelo ângulo de observação de suas questões angustiantes. Claro, perguntam a *mim* como é possível que *eu* tenha tempo, mas, não há erro possível, perguntam, na verdade, sobre sua própria relação com o tempo. Podemos verdadeiramente ter tempo? Como fazer?

NEM PANACÉIA, NEM SOLUÇÃO ÚNICA

Há uns bons truques. Logo falarei sobre isso. Mas é importante ter em mente que neste domínio não há soluções rápidas que vinguem no quadro da ordenação do tempo de trabalho. Trata-se de caso tão pessoal que é inútil considerar essa possibilidade, a menos que as coisas sejam modeladas no mais profundo de si mesmo e sem cessar reiventadas. A fim de esclarecer o meu propósito, direi que escrevo este livro inspirando-me no espírito que anima Krilon. (A trilogia de Eyvind Johnson[1] constitui uma análise notável da importância do diálogo: o diálogo entre pessoas e o diálogo interior.)

À semelhança de Krilon, abordo os raciocínios pisando de mansinho. Deixo que venham de diferentes direções, de ângulos diversos. De um lado, porque é assim que se aprende melhor — nunca por meio de uma confrontação única, nem de uma repetição precisa, mas pelas variações. De outro, porque é impossível achar solução para a sua relação com o tempo de uma vez por todas.

---

[1] Em *Krilon* (1941-1943), Johnson se entrega a uma meditação profunda sobre certas facilidades da cultura e da sociedade depois das duas guerras mundiais (a Segunda Guerra estava então em pleno curso). (*Nota do tradutor francês*)

Entretanto, é possível familiarizar-se com os sintomas e aprender alguns truques básicos que permitam parar o turbilhão destruidor do tempo. Também é possível até zombar de si mesmo. O riso é sempre eficiente.

TEMPO LIVRE

Quer se creia na mentira das pessoas que dizem não ter tempo, quer se afirme ser dono de todo o seu tempo, uma mudança na sua visão do tempo acaba por dar novas prioridades quanto àquilo que se faz e quanto à maneira como utilizamos o nosso tempo. A pessoa cuja agenda é muito cheia não pode deixar de concordar com o fato de que todos os encontros e obrigações se excluem mutuamente. É preciso tratar algumas coisas com prioridade. E isso também é válido para quem deseja dispor de uma certa liberdade em relação a seu tempo. Eliminar, fazer escolhas para chegar a realizar ou outorgar-se o direito de realizar alguma coisa. Organizar-se para que o fenômeno do tempo livre surja na existência — e que se possa refletir e fazer alguma coisa de novo. Isso exige tempo, espaço, que os outros mostrem mais consideração a você e que você se perturbe menos. E, mais que tudo, é preciso que você deixe de atrapalhar a si mesmo, pare de permitir que essa multidão de pequenos nadas o invada.

Fazer malabarismos com muitas bolas de modo algum significa que você seja obrigado a se ocupar com todas ao mesmo tempo. Talvez tenha a necessidade de estar tranqüilo quando as apanha, uma de cada vez. É possível que as bolas se sucedam rapidamente, mas não devem ser muitas. O limite varia. Eu dou um jeito com um certo número delas, mas se exagerar com mais uma, depois outra, há um limite de uma evidência grotesca. Se ultrapassar esse limite, perco o controle — e a única bola que tento desesperadamente manter. Uma recomendação prévia: quanto mais bolas acrescento, mais tempo consomem a reflexão e a ação.

PELA LEI DA MULTIPLICIDADE

No passado, ocorreu-me imaginar a velhice como um funil — a vida não pararia de se estreitar, se de tornar mais uniforme. Minha experiência, até o momento presente, me dá exatamente a impressão contrária. Como ninguém me explicou isso quando eu era jovem, faço questão de certificá-lo aqui e agora. O fato de envelhecer não implica absolutamente que a vida se torne pior. Acontece mesmo que algumas experiências, impressões e sensações sejam reforçadas a cada dia que passa. Claro, isso depende em parte da intensidade com que vivi, se bem que cada novo acontecimento desperte uma quantidade de associações. Seria impossível, para mim, experimentar uma tal multiplicidade há trinta anos, simplesmente porque eu não tinha vivido tanto. A mesma coisa acontece com o biólogo que sabe estabelecer a diferença entre centenas de plantas, enquanto os outros vêem apenas a planta ou a vegetação. O mesmo ocorre com o melômano que se deixa embalar pelo conjunto ou decide ouvir um som particular, talvez para refletir sobre a semelhança com outras obras. Suas experiências são mais ricas do que as das outras pessoas. Sua experiência seguinte será ainda mais rica, e assim sucessivamente. Trata-se de um círculo virtuoso — com a condição de que não estejam insensíveis, claro.

Como muitas pessoas, formei um núcleo seguro no fundo de mim. Ouso agir, sentir, tentar, experimentar. Isso significa que alargo os limites, como se o funil estivesse de cabeça para baixo, como se a vida crescesse ao invés de encolher.

Às vezes, fico surpresa ao verificar como são poucas as coisas de que me lembro da época em que minha vida parecia estar sobre os trilhos. Vejo essas lembranças como uma atmosfera, um reflexo radioso. Isso, sem dúvida, é correto, porém incompleto. O que vive em minha lembrança, o que deixa impressões duráveis em mim são, na verdade, as coisas que foram verdadeiramente duras e difíceis. Não que eu cultive problemas, nem mesmo que fique ruminando as injustiças. O que há é que desconheço essa qualidade inestimável que é a amargura. Não, o fato de ter superado essas dificuldades é que me leva a ser quase sempre feliz por tê-las conhecido. Essas dificuldades me permitiram experimentar mais, ousar mais, querer mais. E ter uma outra relação com o tempo.

ATIVIDADES ALTERNADAS

Há vantagens e inconvenientes em alternar as várias atividades entre si — e com interrupções. Com a condição de escapar do estresse improdutivo e fragilizante que às vezes acompanha as transições.

— Há uma vantagem em alternar as atividades, porque "pensar toma tempo" (capítulo 5). Pergunto: será que é necessário nos preocuparmos um pouco, deixarmos amadurecer uma idéia a fim de que ela seja retrabalhada por essas partes de nosso mundo interior sobre as quais não temos domínio? Idéias novas não são produzidas em cadeia. As interrupções, as pausas também são necessárias. Essa interrupção pode assumir a forma de uma boa parada na devida hora, ou simplesmente você começa a fazer outra coisa.

— Há um inconveniente em alternar as atividades: gasta-se um tempo excessivamente longo ao mudá-las. O tempo de se pôr em marcha e o tempo de parar fazem com que a atividade seja reduzida ao mínimo. Voltarei a este ponto no capítulo 3, "Tempo de parada".

— Vantagem: evita-se a monotonia.

— Inconveniente: a própria atividade faz com que só se dê prioridade — injustamente — àquilo que pode ser realizado fácil e rapidamente, e se perde de vista o que é importante, difícil, estranho e eficiente porque duradouro.

REPOUSO E MOVIMENTO

Diferentes atividades entram em jogo se estivermos em repouso ou se estivermos em movimento. Isso é válido tanto para o homem quanto para a matéria. Tome uma garrafa de xarope, por exemplo. O que pode saber sobre o xarope enquanto não inclinou a garrafa para servi-lo? Sua cor e, se nele você molhou o dedo, seu gosto. Mas você não sabe nada sobre a sua viscosidade enquanto não virar a garrafa de cabeça para baixo — e desse modo fazer com que o conteúdo se ponha em movimento. Aí é que aparecem suas propriedades dinâmicas.

Estas são imperceptíveis quando o líquido está em repouso. Descobrir qualidades dinâmicas em uma pessoa que vimos apenas em situações estáticas significa descobrir alguém totalmente novo. A pessoa sentada ao seu lado diante da fogueira de um acampamento, em plena natureza, é apenas parcialmente a mesma que essa mesma pessoa na cidade, na hora da correria.

Não é surpreendente, assim, que as qualidades agora exigidas nas ofertas de emprego tenham mudado de perfil. Antes procuravam-se a seriedade e a estabilidade (qualidades estáticas), agora a ênfase recai na criatividade, na abertura e na iniciativa.

CONTEMPORANEIDADE

Outrora, o tempo regulava o curso da natureza. O tempo era aquele meio maravilhoso de que a natureza dispunha para impedir que tudo acontecesse ao mesmo tempo. Hoje, parece que essa propriedade do tempo desapareceu — tudo (ou quase tudo) acontece simultaneamente. A bota invisível, que outrora sabia distinguir entre o duradouro e o efêmero esmagando dia após dia todos os achados, os resultados de pesquisas e as novidades, perdeu a sua função. Todas as nossas representações do futuro e da longa duração poderão se revelar vazias de sentido, pois a visão do futuro não dura mais muito tempo.

Estarrecedor? Talvez. Mas, da mesma forma, também é maravilhoso que eu possa viver aqui e *agora*, quando tudo em torno de mim é acessível. O tempo não é o único intervalo do qual você disporia, é o intervalo do qual você dispõe *agora*. A contemporaneidade é um conceito essencial. Claro, você não conhece todos os seres humanos que vivem ao mesmo tempo que você, mas, de um modo absoluto, nada o impede de se encontrar com todas as pessoas que você gostaria de conhecer. Em compensação, é impossível falar com pessoas do passado ou do futuro. As conseqüências disso podem ser encontradas também no nível das nações. Quando, hoje, um país ameaça limitar os recursos de água de seu vizinho, surge um conflito que tem de ser resolvido imediatamente. Mas se, hoje, uma geração altera os recursos de água das gerações futuras em seu país ou fora dele, a ausência de contemporaneidade impede que se resolva o conflito agora. O diálogo é impossível entre as diferentes partes: as que provocam os efeitos e as que os sofrerão.

O TEMPO É O PRÓPRIO DO HOMEM — COMO?

O tempo se manifesta muito particularmente em relação com os nascimentos e as mortes das pessoas próximas. De repente, um pequeno ser está aí, com todo o tempo diante de si — e talvez ele tenha precisamente necessidade de seu tempo. Um ser morre, e não se pode mais dividir o tempo com ele. As reflexões sobre o tempo (sobre esses 30 mil dias de que dispomos) se tornam elevadas e se desenvolvem no plano existencial. Ou será que não ousamos mais pensar? A ausência de raízes não tem um caráter unicamente físico ou social. Existe também um desenraizamento temporal. Mas isso quase que só tem ligação com pensamentos tabus.

Nosso cotidiano fervilha de acontecimentos, pessoas e lugares. Às vezes, dizemos a nós mesmos que vivemos o momento, que queremos viver exclusivamente o momento. Mas ficamos paralisados se não soubermos o que vamos fazer dentro de um mês. A idéia do futuro é necessária para se viver o momento. Dá-se o mesmo quanto ao passado e às lembranças. Outrora, agora e mais tarde são as pedras angulares do curso da vida.

Através deste livro, gostaria de facilitar a vocês a descoberta do lugar à parte que o tempo ocupa, seu caráter único, mesmo no domínio do cotidiano. "O tempo é o próprio do homem" pode se revelar fonte de alegria, de questionamento, de exortação ou de desafio, segundo o humor.

CAPÍTULO 2

*O tempo dos relógios
e o tempo vivido*

Todo mundo tem a sua vigilância interior, vigilância mais ou menos ativa, segundo as circunstâncias. Quando se acaba de saber que se está esperando um filho, imediatamente se começa a ver por toda parte mulheres de barriga grande e pais com carrinhos de bebê. Quando se imagina que o quisto que apareceu nas costas é perigoso, tem-se a impressão de que a camisa está sempre a friccioná-lo. Sabe-se que chegou a época da colheita quando as folhas amarelas das bétulas começam a se transformar rapidamente em cogumelos comestíveis. O processo de aprendizagem do homem atinge o ponto mais alto guiado por seus "vigilantes". Será que não deveríamos nos considerar mais como aquele que busca alguma coisa do que aquele que recebe?

Os conhecimentos, às vezes, desempenham algum papel na intensidade e na natureza da busca e da experiência. Pensemos no biólogo diante da multiplicidade das espécies, no melômano na sala de concertos, no astrônomo que vê mais coisas no céu do que o observador amador.

QUANTOS INSTANTES HÁ NUM QUARTO DE HORA?

Mas com o tempo é diferente. Quase não temos vigilantes que supervisionem o tempo em nós. Não é possível tornar-se profissional da percepção do tempo. Pode-se aprender a chegar na hora, pode-se vir a ser um relojoeiro, um especialista em logística, um chefe de projeto e possuir um dom extraordinário para que os prazos sejam respeitados, uma pessoa pode se tornar um físico e mergulhar nos fundamentos teóricos e experimentais do tempo. Mas quando me pergunto "quanto tempo dura um quarto de hora?" ou "quantos instantes há em um momento?", o fato de ser físico não me servirá para nada. Certamente, o físico pode explicar melhor do que os outros como se define um segundo ou o que representam quinze minutos, mas isso ainda me ajuda muito pouco quando me sirvo de mim mesma como medida para descrever quanto tempo dura um quarto de hora ou um momento.

Creio que deveríamos considerar duas espécies de tempo e diferenciá-las: o *tempo pessoal* (vivido) e o *tempo dos relógios* (tempo atômico, para falar com mais propriedade). As semelhanças entre os dois tipos de tempo não são evidentes. O homem não está bem situado para registrar o tempo objetivo dos relógios — uma vez que se serve de si mesmo como medidor. Nossos relógios internos variam de um dia para o outro, de uma hora para a outra, até mesmo de um minuto para o outro. Não são confiáveis.

Entretanto, o tempo vivido é, de fato, tão verdadeiro quanto o tempo dos relógios mecânicos/atômicos — o que há apenas é que esses tempos são verdadeiros em dimensões diferentes. Meu tempo pessoal, minha percepção humana do tempo é uma coisa que não compartilho senão comigo mesma, enquanto a hora de que tenho necessidade para marcar um encontro com alguém pertence à medida do tempo artificial. Estranho?

Não. A técnica, o artificial têm justamente como objetivo a eficácia no regime *inter-humano*. Há pessoas que dizem que a técnica é desumana. Não é o caso. Há pessoas que são humanas ou desumanas. A técnica é técnica, e, às vezes, tão ruim que deixa de sê-lo. A interação mais normal entre a técnica e o homem está no fato de que ela religa os homens. Não teríamos inventado o telefone se não tivéssemos alguém com quem falar, não haveria trens se não tivéssemos de visitar alguém. E certamente não haveria relógios precisos sem o outro com o qual temos necessidade de estar de acordo, seja para fixar a hora de um encontro, seja para determinar quanto tempo deve durar uma atividade.

O TEMPO DEFINIDO E MENSURÁVEL
O TEMPO DOS RELÓGIOS

Descrever o tempo artificial dos relógios é fácil, porque se trata de uma coisa sobre a qual os homens estão de acordo. À semelhança das grandezas físicas, o tempo dos relógios é definido por suas unidades. Em colaboração com Nina Reistad, escrevi *A física experimental*, livro em que constatei que não era tão surpreendente que um segundo dure precisamente tanto quanto dura, que um quilo pese tanto quanto pesa e que um metro meça precisamente tanto quanto mede. Simplesmente escolhemos unidades de uma grandeza razoável. A unidade de tempo, um segundo, corresponde aproximadamente ao intervalo entre duas batidas do coração. A unidade de massa, um quilo, também é razoável — um ser humano pesa tantos quilos. A unidade de comprimento, um metro, convém perfeitamente ao ser humano, porque medimos entre um e dois metros. A unidade de temperatura, o grau Celsius, também nos convém, porque somos capazes de diferenciar facilmente temperaturas com um erro de um ou dois graus.

Mas como será possível uniformizar por toda parte essas unidades? Pouco a pouco. Mesmo nas regiões em que não são utilizados o metro, o quilo ou o grau Celsius, as pessoas aceitam as grandezas um metro, um quilo, um grau Celsius. Podem até converter suas unidades nestas. Curiosamente, para o tempo, um segundo é a unidade universalmente aceita.

DISTÂNCIA E TEMPO

Desejavam-se unidades invariáveis. Confiaram-nas então aos fenômenos observáveis e tidos como constantes. De modo que as unidades foram ligadas a fenômenos astronômicos. Assim, definiu-se um metro como a décima milionésima parte do arco que corresponde à parte da circunferência da Terra que vai do equador ao pólo. O conceito e as unidades de tempo ligaram-se a fenômenos de movimentos astronômicos. À medida que as técnicas de medida foram evoluindo, descobriu-se que os fenômenos celestes não são absolutamente invariáveis.

Em 1870, James Clerk Maxwell, o físico inglês, escreveu:

> Se queremos obter unidades de comprimento, de tempo e de massa absolutas e invariáveis, não devemos depender do movimento e da massa dos planetas, mas nos ater ao comprimento de onda, à freqüência e à massa de átomos imutáveis, invariáveis e totalmente idênticos.

Assim começou o processo que levaria às definições do metro, decorrente do comprimento de ondas atômicas, e às definições do segundo, decorrente das freqüências da radiação de átomos e de moléculas. Desde 1967, a fração de tempo a que chamamos um segundo tem a duração de 9.192.631.770 períodos da radiação correspondente à transição entre os dois níveis hiperfinos do estado fundamental do átomo do césio 133.

Entretanto, não conheço ninguém que chegue, interiormente, a aderir a essa definição. Em compensação, sua força reside no fato de que ela é objetiva e independente do homem. Como curiosidade reveladora, gostaria de acrescentar a definição do metro, uma vez que, desde 20 de outubro de 1983 ela está diretamente ligada à definição do segundo: um metro é o comprimento percorrido pela luz em 1/299.792.458 de segundo.

Assim, o comprimento não é mais definido como comprimento, mas como alguma coisa dependente do tempo. Essa afirmação se baseia na situação estranha surgida nos anos 70. Nessa época, foi possível, pela primeira vez, medir a velocidade da luz no vazio, expressa em m/s (metros por segundo), e isso de um modo mais preciso do que era até então a definição de metro! A situação era insustentável, e então redefiniu-se o metro, ligando-o ao segundo.

A partir daí, o tempo dos relógios e o mundo de suas definições passaram a ter ao menos uma propriedade comum com o mundo tal como o vivemos atualmente: não se conta mais em distância, mas em tempo!

O TEMPO PESSOAL E VIVIDO

Não podemos influir sobre o tempo da física e dos relógios. Você pode optar por um simples relógio de bolso ou de pulso mecânico, e exclamar, como Göran Ekstrof:

> *Não quero ter*
> *um desses milagres digitais*
> *que medem minha consumação do tempo,*
> *Quero conservar*
> *meus oráculos globais*
> *que me deixam a ilusão de minha imortalidade.*

Mas não se pode mudar o fato de que o homem tornou seu ponto de honra a definição da unidade de tempo de um modo independente do homem, em primeiro lugar no mundo cósmico, depois no microcosmo atômico.

O tempo pessoal, em compensação, é precisamente o seu tempo, tanto na maneira como você lida com ele, como na maneira de encará-lo — seja em seus pensamentos, seja nos sentimentos. É esse tempo pessoal e vivido que queremos em abundância, até mesmo eternamente. Mas corremos atrás do tempo dos relógios. Nós o "maximizamos". Dividimo-lo em pequenas fatias. E contratamos técnicos para "economizar tempo". A maior parte dessas contribuições é contraproducente, se queremos dispor amplamente desse tempo vivido.

VIOLAÇÕES E PERCEPÇÕES DO TEMPO

O tempo vivido e pessoal é o que há de mais importante para o indivíduo. Alguns meios são mais apropriados ou menos apropriados para a percepção do tempo e do ritmo pessoal. Antigamente, o trem era um perfeito refúgio rolante. Com toda a certeza, a hora de partida e a hora de chegada se exprimiam segundo o tempo dos relógios, mas cada pessoa estava livre para ver o tempo à sua maneira. E, freqüentemente, o trem se constituía num dos lugares onde se estava mais tranqüilo.

E eis que esse refúgio nos foi retirado, a nós, os amorosos do trem. Irromperam os fanáticos da conversinha miúda. Com seus balanços, o enterro de titio Kalle, o resultado das corridas e as complicações da coqueluche da pequena Eva. Mas não quero saber de nada. Quero estar em paz em meu espaço sonoro. Recuso-me a aceitar que pessoas venham inutilmente violar meu tempo pessoal com seus papos ostensivos em plena cabine. Sempre em alto volume, nunca naturais. Não é natural ouvir somente a metade de uma conversa. É mesmo tão pouco natural que somos incapazes de ignorar esses parasitas — coisa fácil com o ruído ao fundo formado pelas conversas de outros passageiros.

Em 1995, escrevi uma carta à SJ, a empresa sueca de estradas de ferro. "Caros senhores da SJ, gostaria muito de poder continuar andando de trem. Sugiro que os senhores reservem aos fanáticos da conversinha à toa um local reservado onde eles poderão se entregar livremente a seu retalhamento do tempo. Desse modo, nós outros continuaremos a dispor de zonas livres de tempo. De resto, acredito que muitos desses fanáticos da conversinha virão assaltar nossos espaços protegidos — um pouco como os fumantes invadem os compartimentos de não-fumantes quando não estão fumando. Quando tomamos gosto pelo tempo vivido, não cessamos de defendê-lo."

E temos, afinal, esses oásis protegidos nos trens, esses compartimentos de não-falantes e livres de telefonemas intempestivos. Talvez o trem venha a se tornar de novo um lugar onde a sensação do tempo vivido seja reforçada e desenvolvida.

O TEMPO PENSA

Enquanto aqui no meu canto da Suécia, descobri o meu tempo dos relógios e o meu tempo sentido, o mundo, claro, não tinha deixado de refletir sobre as mesmas questões. É quase certo que se, por acaso, você tiver uma idéia inteiramente nova, alguém, em algum lugar, pensará exatamente na mesma coisa, no mesmo momento. As formulações poderão diferir um pouco, mas, no fundo, será a mesma coisa. Kristina Persson, a prefeita de Jämtland, dizia, por sua vez: "O tempo pensa."

No entanto, fui surpreendida ao descobrir que não era a única pessoa a pensar no tempo dos relógios e no tempo sentido. Em 1990, o filósofo alemão Peter Heintel fundou a Tempus, Verein zur Verzögerung der Zeit (Associação para a Desaceleração do Tempo). Não se tratava de uma blague (ainda que a associação se caracterize por seu humor), e a Tempus já conta com mil membros na Áustria, Alemanha, Suécia, Itália e Suíça. Desde 1991 a Tempus organiza, todos os anos, conferências sobre o tempo. Os membros são convidados a apresentar exemplos concretos sobre a maneira como se relacionam com o tempo concreto. Editam-se textos, imagens e fitas de vídeo.

Eu ignorava tudo sobre a associação Tempus, até o dia em que li um artigo no *Dagens Nyheter*. Procurei as obras da associação e entre elas, para imensa surpresa minha, descobri Chronos (uma cópia exata de meu "tempo dos relógios") e Kairos (uma duplicata de meu conceito de "tempo vivido"). Um dos livros da Tempus, *Zeitzeichen*, apresenta-se como o livro destinado às pessoas que têm tudo... exceto tempo.

A associação é muito informal, mas publica muita coisa. Alguns trechos: "Viva mais rapidamente, assim tudo terminará mais cedo", "Tenho tempo, logo estou", "Ainda que você olhe a todo momento as azeitonas, elas não amadurecerão mais depressa".

Não será, talvez, coisa muito estranha que a Tempus e eu pensemos a mesma coisa — e no mesmo momento. Essas idéias só podem aparecer em nossa época, uma vez que a sobrevida cotidiana há muito deixou de ser uma preocupação. Agora é que temos tempo de pensar no tempo. E temos necessidade desse tempo a fim de nos desligarmos do industrialismo, de sua obsessão pelo tempo dos relógios e de seu credo "tempo é dinheiro".

COMO TER MAIS TEMPO VIVIDO

Uma das razões pelas quais você lê este livro talvez seja a busca de respostas para esta pergunta: "Como ter mais tempo vivido?" Em primeiro lugar, direi que é preciso começar por representar o tempo vivido interiormente, de maneira consciente. Compreender que o relógio não diz nem dá tudo, que ele não é a medida do tempo fora da qual não há salvação em hipótese alguma.

Quando você já tiver uma idéia inabalável da especificidade do tempo vivido, estará no ponto para conseguir mais. É perfeitamente possível influenciar seu tempo, se você souber como agir com seu "tempo de parada" (capítulo 3), de um modo consciente e respeitoso, e se achar um equilíbrio entre "tempo dividido" e "tempo inteiro" (capítulo 4).

CAPÍTULO 3

Tempo de parada

Para se concentrar, é preciso não ser perturbado — inclusive por si mesmo. Vá continuando a ler, tente subtrair 7 de 478, depois 14 de 471, depois 28 de 443... Não pense mal de mim, sou uma pessoa séria, tente pensar nessas subtrações simples continuando a sua leitura.

Não há muitas coisas que possamos fazer simultaneamente. Alguns não podem caminhar e mascar chiclete ao mesmo tempo. Eu própria já observei que retardo claramente o ritmo do passo (ou da pedalada, quando estou de bicicleta) se me ponho a refletir com seriedade. Costuma-se dizer que nós, mulheres, somos capazes de fazer malabarismos com várias bolas ao mesmo tempo. Vá lá que seja. (E muitos homens também conseguem isso.) Mas não é com qualquer bola. E o número delas não é ilimitado. (Vejamos, onde você está na subtração? Um número inferior a 400? Você notou que eu cometi um erro de cálculo a partir de 471 − 14? Não fomos feitos para esse tipo de atividades simultâneas.)

Algumas coisas são mais bem realizadas se não houver nada nos perturbando, mas as coisas também melhoram depois de um certo *tempo de parada*. Tempo de parada significa o tempo de que a gente precisa para se organizar, para pôr as coisas em ordem antes de começar a realizar qualquer tarefa. Antigamente, para o lenhador, o tempo a ser utilizado assim era aquele antes de atrelar o cavalo à carroça. Nas oficinas, o tempo de parada é o tempo necessário para pôr as máquinas em funcionamento. Nas cozinhas, é o tempo que o *chef* gasta para se situar. Mesmo na planificação moderna, esse conceito existe como a soma do tempo necessário para a arrancada do projeto.

Este capítulo tratará da importância de voltar a se familiarizar com as diferentes necessidades dos tempos de parada próprios a cada tarefa. Além do mais, insistirei sobre o fato de que é preciso cultivar o eventual investimento efetuado quando do tempo de parada. Porque, é evidente, não se trata de estragar esse investimento. Assim, na ocupação do lenhador, não se prepara o cavalo antes de ter realizado algum trabalho na floresta. Da mesma forma, nas cozinhas, depois de situar-se, o *chef* tem de preparar os pratos. E é preciso explorar da melhor maneira possível esse tempo de parada, preservá-lo e nunca permitir que ele vire fumaça por termos sido perturbados de repente — por um telefonema, por exemplo.

PARA CADA TAREFA, SEU TEMPO DE PARADA

Às vezes, é útil tentar estruturar suas ações em função do tipo de cada uma. Sei que, à primeira vista, não há diferenças entre os tempos de parada, se eu classificar as tarefas nas seguintes categorias:

fácil e agradável	fácil e tediosa
difícil e divertida	difícil e tediosa

As diferenças dos tempos de parada, porém, vão muito mais longe do que se possa imaginar. Se as tarefas que nos esperam se enquadram nas quatro categorias, é tentador começar pelas mais fáceis. Para essas, o tempo de parada é quase nenhum. A maior parte das pessoas se sentirá compelida (pessoalmente ou pelos que estão próximos) a acabar em primeiro lugar o item "fácil e tediosa", a fim de se ver em melhor disposição de espírito para o resto.

Tudo seria maravilhoso se dispuséssemos de um tempo ilimitado, mas a conseqüência do que acabamos de enunciar é que raramente nos entregamos às tarefas difíceis. Não que eliminemos o difícil por ser menos importante ou impossível de realizar. Não. É simplesmente porque não queremos passar pelo tempo de parada aparentemente improdutivo que precede as tarefas difíceis.

Não acredito que se trate unicamente da angústia de não fazer direito. Será antes uma angústia do tempo de parada. Se a gente agüentar o tempo de parada, a recompensa será muitíssimo maior por uma única realização importante do que por muitas realizações menores. Mas estabelecer prioridades e suportar o tempo de parada que precede uma tarefa difícil exige uma consciência forte. Daí a necessidade de se preparar para a incompreensão das pessoas que nos são próximas e para a montanha de ninharias que vamos encontrar pela frente. Tempo de parada? Mas como os outros podem entender que se trata de um tempo de parada que precede uma tarefa importante? E como entendermos isso nós mesmos?

TEMPO DE PARADA E DISPONIBILIDADE

Às vezes, acredito que faço um tempo de parada sem mesmo saber que o faço. Os sinais exteriores são mais ou menos os seguintes. A data-limite de um grande trabalho se aproxima rapidamente. Sei que deveria estar me preparando há muito tempo. Mas, em vez disso, o que se passa é que minha produtividade está a ponto de degringolar e venho me entregando a todo tipo de ninharias — ainda que pretenda agir exatamente de forma oposta. Lavo a louça, arrumo a casa, costuro, mexo no jardim... Só quando absolutamente não há mais como fugir (talvez um pouco tarde) é que ponho mãos à obra. E, milagre, as coisas se ajeitam — uma vez mais! Mas não fico pensando que o trabalho foi feito à última hora — acredito que, nessa situação, todos os meus executantes interiores já cumpriram a sua tarefa. Por isso é que meu "eu" consciente permitiu-se trabalhar lentamente em pequenas coisas: meu processo de reflexão verdadeira trabalhava durante esse tempo. Quando chegou a hora, "eu" não tinha necessidade de mergulhar naquele trabalho tanto assim.

A concentração intelectual exige seu tempo de parada. Às vezes, exige apenas horas ou dias, às vezes, semanas, até mesmo meses. Claro, quando se dispõe desse tempo, não é o caso de desperdiçá-lo. É preciso estar a postos, permanecer indisponível, inafastável. Driblar essa tendência de nosso tempo que quer nos ter ao alcance a todo momento — pelo telefone celular, por exemplo.

Há mais de quinze anos, pus ordem em minha relação com o telefone. Comecei pelo telefone de meu escritório. Como calá-lo? Eu podia deixar uma mensagem e dizer que estava em reunião, que tinha saído, que era hora do almoço, que tinha cursos ou que estava ausente naquele dia. Mas é impossível deixar uma mensagem dizendo que estava fazendo meu trabalho mais importante, isto é, refletir (interiormente, no papel, no computador, no laboratório, ou em discussões com colegas ou estudantes). Falei sobre o assunto com várias telefonistas, mas a reação delas foi me dizer que provavelmente provocariam a ira da pessoa do outro lado do fio se alguma vez respondessem: "Não, no momento você não pode falar com Bodil Jönsson... ela está refletindo." Segundo as telefonistas (e acho que elas tinham razão), a pessoa que estava ligando responderia que se eu não tivesse nada mais importante a fazer do que refletir, devia tirar o fone do gancho. Mas, do meu ponto de vista, tudo deveria ser bem diferente.

OUSAR VIVER COMO EREMITA

Sei agora da importância que tem o isolamento para o resultado de meu trabalho e para mim mesmo que, periodicamente, tenha a obrigação de viver como eremita. Entretanto, esforço-me sempre no sentido de estar presente para as pessoas que me cercam em meu trabalho, que podem estar certas de que estou *verdadeiramente* presente quando estou em companhia delas. Nenhum telefonema virá nos interromper. Para as pessoas cujo trabalho é refletir, é injustificável ceder a exigências imaginárias ou reais, ou a avaliações absurdas. De fato, é um erro nosso se a rotina nos domina, tanto na pesquisa como no ensino.

A duração do tempo de parada necessário à reflexão varia em função do ambiente no qual nos encontramos. Assim, o acesso rápido e constante à internet influiu sobre o meu tempo de parada. Da mesma forma, provavelmente tem uma influência sobre o meu inconsciente. Permito-me ainda novas associações de idéias quando sei que estou em condições de procurar informações fácil e rapidamente. Há uma grande diferença entre essa possibilidade de pesquisa ativa em várias direções, pelo caminho dos inumeráveis *encadeamentos*, e os dados lapidares das obras de referência.

De resto, os dicionários e enciclopédias têm seu tempo de parada e trazem do modo mais claro possível a marca de sua época. O tempo de parada significa que as obras de referência raramente refletem os avanços de sua época — atêm-se essencialmente ao que está bem estabelecido, quer dizer, ao que já está parcialmente ultrapassado. Isso, sem dúvida, é necessário para que os dicionários não cedam aos caprichos da moda e ao efêmero.

Tenho um exemplo particularmente marcante sobre a maneira como a época imprime sua marca aos dicionários enciclopédicos. Uma menina de dez anos tinha escrito em sua redação sobre a Libéria: "O país é povoado por negros selvagens e semicivilizados." Um tanto espantada, perguntei-lhe onde ela tinha achado esses dados. Resposta da menina: "Foi numa enciclopédia." Tratava-se de *Tidens Lexikon* (*A enciclopédia de nosso tempo*), de 1938. Raramente o título de uma obra de referência foi tão significativo como o dessa *Enciclopédia de nosso tempo* em relação a essa passagem citada pela menina.

A JUVENTUDE,
TEMPO DE PARADA PARA A VIDA?

Passemos às grandes questões: a infância e a juventude. Curiosamente, muitas pessoas consideram a infância e a juventude tempos de parada para o que virá mais tarde.

Mas comecemos por um pequeno exemplo. Desde cedo, se aprende a não bater com a colher no prato, como preparação para não se comportar mal à mesa mais tarde. A futilidade relativa desse aprendizado — se é que não se trata apenas de uma tentativa de dar sossego aos pais — fica patente pelo fato de que nenhum adulto se diverte a bater em seu prato com uma colher, o que se verifica até mesmo quando as pessoas em causa receberam educação muito diferente. Acontece com esse fenômeno o que acontece com muitos outros: ele acaba por si mesmo, se a gente esperar.

Se passarmos da maneira como as pessoas devem se comportar à mesa à maneira como devem se comportar na vida, encontraremos a mesma atitude. As crianças e os adolescentes devem ser educados para saber o que fazer corretamente *mais tarde*, como adultos, depois de uma longa adolescência, pesada de um ponto de vista cultural, e totalmente diferente da juventude no sentido biológico. Era coisa diferente ser adulto nas sociedades em que apenas se caçava e colhia, outra coisa nas sociedades agrárias, uma outra ainda na era da industrialização. O tempo da adolescência foi esticado pouco a pouco a fim de que sejam adquiridos os conhecimentos que a época exige do adulto.

Que aconteceria se, de agora em diante, nós não nos tornássemos adultos? Que aconteceria se os adolescentes dos anos 90 se revelassem os primeiros das gerações futuras para os quais a idade adulta praticamente não existe? Neste caso, é mais do que evidente que as fases essenciais, as mais importantes da existência — a infância e a adolescência —, devem ser reconhecidas por seu valor intrínseco (o presente) mais do que por seu valor de tempo de parada (o futuro). As pessoas do tempo de meus pais tinham uma idade adulta muito diferente. Se, aos trinta e cinco anos, meus pais se vestissem como quando tinham doze, ou se se comportassem como se tudo fosse uma brincadeira, não seriam aceitos pelo ambiente que os cercava. Um adulto tinha de ser um adulto e se comportar como tal. As crianças deviam ser crianças, ficar longe dos mais velhos, e toda a atenção se voltava para fazer com que se tornassem adultos mais tarde. Ou, como dizia uma cantiga:

> *Um dia também serei grande*
> *e sábio como meus pais.*
> *Mas continuarei criança no fundo do meu*
> *[coração,*
> *porque das crianças é o reino do Senhor.*

Como a velha geração chegaria então, antigamente, assumir o melhor? As gerações mais velhas tinham, entre outros conhecimentos, aqueles de que a seguinte tinha manifestamente necessidade. Ao mesmo tempo que os velhos ensinavam aos jovens coisas vitais (construir uma casa, preparar o de comer etc.), tinham naturalmente ocasião de doutrinar seus filhos com as idéias da geração adulta sobre a moral e a religião. Hoje, a situação é totalmente outra. As ofertas de emprego nos jornais exigem, às vezes, qualidades que uma pessoa de trinta e cinco anos está longe de ter, mas que um adolescente de quinze anos aprendeu brincando com o seu computador. É difícil, nessas condições, afirmar que a experiência vem com os anos e que os jovens devem utilizar o seu tempo como tempo de parada.

Pelo que mostra nossa época, nós, os velhos, não temos mais experiência e competência do que os jovens. Até as temos menos, uma vez que estacionamos nos modelos de pensamento antigos e, na verdade, nos limitamos ao que podemos compreender. Ainda que as experiências, impressões e sensações não diminuam necessariamente de intensidade à medida que envelhecemos (veja o capítulo 1), os modelos de pensamento variam de uma geração para outra. Os modelos de pensamento e as manifestações intelectuais que marcam uma geração são totalmente diferentes na geração seguinte.

PROCURAM-SE
JOVENS PENSÓLOGOS

Antes de tudo, é dos jovens que temos necessidade como pensólogos (e como tecnólogos). Na partilha das necessidades que deviam imperar entre as gerações, acredito que a maior responsabilidade da nova geração seja a de tentar desenvolver novos modelos de pensamento e mostrar o que se produz quando se parte de reflexões radicalmente novas. Para descobrir novos modelos de respeito humano e de atividades humanas, nós, os adultos, temos necessidade da ajuda daqueles que não conheceram o tempo em que suas necessidades foram definidas formalmente pelo trabalho. Foi quando fizemos novas experiências pelo ângulo de modelos de pensamento antigos que estes foram torcidos — como por um espelho deformante. Nossa visão atual do desemprego provavelmente faz parte dessas idéias torcidas. Como é possível que o emprego repentinamente se torne um artigo raro, atraindo todos aqueles que dele estão privados?

O trabalho não foi certamente, em todos os tempos, o sonho do homem. Tanto que nunca vi uma única representação do Paraíso em que o homem estivesse trabalhando.

Tanto quanto eu saiba, a forma atual de escassez de trabalho, em sua acepção formal, não apenas vai continuar, mas também se agravar. Em compensação, não há qualquer falta de trabalho em sua acepção real, porque se exige, entre outras coisas, que um grande número de jovens de visão introduzam outros modelos de pensamento relativos ao desemprego formal oposto ao conteúdo real da existência. Com isso, forçosamente haverá o que fazer.

Em *A roupa nova do rei*, o conto de Andersen, é uma criança quem vê e diz a verdade. Acho que os pequeninos são os melhores para esse exercício, mas poucos adultos os levam a sério. Em compensação, os adolescentes estão prontos para ser respeitados por sua altura, sua voz, seus conhecimentos e seu endereço — por exemplo, nos domínios da informática, que, de repente, se tornaram tão decisivos para cada um. Enquanto os adultos lêem os jornais e se perguntam se é melhor viver na zona rural ou na urbana, os jovens já colonizaram a internet.

OLD OLDBOYS
E JOVENS RAROS DE ACHAR

Uma das minhas fotos preferidas para deleitar meu espírito foi feita no momento em que se chegava à resolução final da Conferência do Rio sobre Meio Ambiente, em 1992.

Todas as pessoas da foto são da categoria *old oldboys* (a velha guarda dos senhores idosos). Não foram considerações homens/mulheres que, na ocasião, me vieram ao espírito, foram considerações velhos/jovens. Quando nos aproximamos do momento em que cerca da metade da população mundial terá dezoito anos, o futuro do mundo está sob o governo dos senhores idosos. É inimaginável que essa relação ainda dure muito tempo.

Uma outra foto ligada à ONU reina em lugar especial, em meu pequeno museu pessoal. Reproduz a sala de sessões do Conselho de Segurança. Impossível determinar a idade dos participantes, uma vez que na foto não há nenhuma pessoa. Em vez de pessoas, temos a mesa, as cadeiras e a sala, que falam por si mesmas. Eis o que me diz essa foto: "Qualquer que seja a situação, os homens tentaram." Tentaram negociar, buscaram mediações, conciliações, arbitragens, regras.

Será um momento apaixonante quando os jovens tomarem o poder. Mas será que eles estarão interessados no poder local ou global nas democracias? Será que inventarão novas formas de poder? De qualquer forma, importa é que sua juventude não seja um período de aclimatação, de adaptação (de tempo de parada) para a velha idade adulta. Muitos indicadores (meio ambiente, guerras, fosso crescente entre ricos e pobres, incapacidade das democracias de controlar o mercado etc.) apontam para uma direção ruim. Temos necessidade de novas maneiras de pensar e de agir. Esperemos que os jovens compreendam que não estão aí para se tornarem a imagem dos adultos de hoje.

RESUMO

Existe o tempo de parada e existe o tempo vivido: é preciso deixar o conceito de tempo ser digerido. Depois vai-se tentar analisar como uma mudança de ponto de vista em relação ao tempo de parada permitirá que você aja diferentemente.

Busquei exemplos em diferentes perspectivas:

— como os diferentes tempos de parada influem na separação daquilo que é fácil e daquilo que é difícil;

— como o tempo de parada que precede uma tarefa importante pode passar por um período de subterfúgios;

— como o meio (um acesso facilitado à informação pela internet, por exemplo) influi no nosso tempo de parada;

— como a juventude, às vezes, é vista como um tempo de parada preliminar para a vida adulta.

CAPÍTULO 4

*Tempo inteiro e
tempo dividido*

Depois de minha única e isolada tentativa de parar o tempo, decidi mudar de tática... e de mentira. E perguntei a mim mesma: "Uma vez que sou capaz de imaginar que não tenho tempo, será que não posso perfeitamente imaginar que tenho tempo?" Então, decidi ter tempo — e deixar de agir como se eu não tivesse nenhuma relação com o tempo, coisa impossível em nossa cultura *obsedada* pelo tempo. Decide-se ora ter tempo, ora não tê-lo. Não há meio-termo.

Mas é realmente possível que eu tenha a impressão de ter tempo? É possível, sim, é possível. A alegria de ter tempo não é nem mais nem menos falsa do que o horror de não tê-lo. E a mudança de atitude é fácil — em princípio. Por outro lado, o hábito de entrar em pânico diante do curso (ou da fuga) do tempo apresenta-se como mais difícil de ser quebrado. Mas, uma vez que se consiga isso, o tempo pode se revelar uma mina de ouro inesgotável — e uma imagem claramente mais agradável do que o tempo visto como um riacho que corre sem parar.

Tentemos então ver se minha mentira ("tenho tempo", "tenho todo o meu tempo") também funciona para o leitor. O fato é que, quando comecei a dizer a mim mesma que tinha tempo, e até a dizê-lo em voz alta, achei-me tendo mais tempo. Tive recaídas e andei caminhando em círculos, mas nunca mais deixei de saber que, logo, vou respirar fundo e restabelecer a ordem, a boa ordem — na qual se tem tempo. Isso não significa que vou ficar à toa. Não, farei muitas coisas. Mas posso ter o sentimento de que o tempo é infinito graças a duas regras simples. Primeira regra: proteger o meu tempo de parada, levando isso em conta antecipadamente e fazendo uma planificação. E respeitando esse tempo — com todo o seu cortejo de angústias. Segunda regra: não dividir a vida. Por exemplo, por que os verões de minha infância me pareciam infinitos? Por isso: porque não eram divididos. Eu tinha o treinamento de *handball* antes da festa de São João. Ia para Maiorca na primeira semana de julho, para a casa de minha avó no dia 15 de julho, para o acampamento de escotismo no dia 22 de julho e para a casa de meu avô na primeira semana de agosto. Desse modo, nenhum intervalo durava mais de uma semana. E, como ninguém ignora, uma semana não é infinita. Uma semana acaba. Somar oito unidades finitas não dá um verão infinito. Para dar um sentimento de infinito, um verão não deve ser dividido.

Grandes fragmentos não interrompidos criam espaço no tempo. Um espaço durável. Exatamente o oposto do emprego do tempo de escola, que impede a possibilidade de estudo e de aprendizado. Esse emprego do tempo não respeita o tempo de parada dos alunos e interrompe sempre a sua concentração (cf. o capítulo 5, "Pensar toma tempo").

UMA NOVA REVIRAVOLTA

Abra a sua agenda e examine um pouco até que ponto o seu tempo se acha planejado. E faça a você mesmo esta pergunta: o que aconteceria se eu fizesse com o meu tempo o equivalente a um reagrupamento? Acredito que nenhuma modificação geográfica ou cultural na Suécia tenha tido tanta conseqüência na vida das pessoas como o reagrupamento.*
Hoje, o grande desafio é a nossa capacidade de fazer uma mudança em nosso domínio do tempo, tanto individual como coletivamente. Se conseguirmos isso, poderá significar, para muitos de nós, alterações tão radicais quanto positivas no próprio coração de nossas existências.

Tente visualizar o mapa de um trecho rural da Suécia antes e depois do reagrupamento. As pessoas envolvidas na operação não terão nem mais nem menos terra quando ela

---

*O reagrupamento, técnica agrícola muito comum na Europa do século XX, é a reconstituição, sob direção unificada, de vários pequenos domínios de terra em um único domínio, por se julgar que assim a exploração será mais fácil e mais eficiente do que com a terra excessivamente dividida em parcelas. Procede-se ao *reagrupamento* por trocas e redistribuição. (N. do T.)

estiver concluída, mas a nova divisão significou, para quase todos, um valor mais importante pela reunião das propriedades em unidades maiores. A mesma coisa acontece com o tempo. Para muitos de nós, o tempo inteiro tem bem mais valor do que o tempo repartido. A diferença é tão grande que esses tempos não deveriam ser medidos pela mesma unidade, as horas do tempo dos relógios. O tempo inteiro e o tempo dividido se parecem tanto quanto um esquilo e um ouriço. Assim, contar em "pedaços" não tem muito sentido. Com toda a certeza, por exemplo, a maior parte das viagens de trem de Lund a Estocolmo serão claramente mais demoradas do que se eu fosse de avião (embora, nas viagens de trem mais rápidas, a diferença seja pequena quando se acrescenta à duração do vôo o tempo de ida e de volta aos aeroportos). Mas a viagem de trem, num compartimento proibido aos viciados em celular, oferece de três a cinco horas de tempo integral — e sem ser incomodado —, enquanto que as três horas divididas para a mesma viagem de avião significam uma perda bruta de três horas do tempo indiviso, ou integral. Não somos perturbados apenas pela ida e volta ao aeroporto, as filas de espera, o embarque e o desembarque, mas também por todos os anúncios feitos pelo alto-falante durante o vôo. Quanto a mim, quero simplesmente estar tranqüila ou conversar pacificamente com o meu vizinho.

As conversas deveriam poder desenrolar-se em zonas protegidas dos parasitas, dos tumultos e dos transtornos. As conversas inspiradas e atentas constituem uma fonte subestimada de conhecimentos e de novos impulsos, de sentimentos novos. Cada pessoa possui uma determinada riqueza interior com a qual podemos nos enriquecer mutuamente. Mas a maiêutica também toma tempo, e os partos de idéias interrompidos freqüentemente se perdem.

Às vezes, nos ajeitamos diante da TV para um momento de distensão. Alguns detestam as interrupções para a publicidade e buscam refúgio nos canais em que não há anúncios. Sem muito sucesso, coitados, porque os programas e outros tipos de anúncios são, para muitos de nós, mais aborrecidos do que as publicidades. Quem consegue agüentar chamadas de programas que irão ao ar semanas mais tarde? Onde fica a distensão diante de tudo isso?

UM DESENVOLVIMENTO
INDIVIDUAL POSSÍVEL

Eis o que pode ser um caminho para um tempo menos dividido:

— Convença-se plenamente de que há uma diferença clara entre tempo inteiro e tempo dividido. Sem isso, é impossível que haja qualquer mudança no equilíbrio entre esses dois tempos.

— Pare de pensar que o tempo inteiro e o tempo dividido se medem por "horas" quaisquer.

— Tente realizar um reagrupamento individual (à maneira do reagrupamento agrícola) na sua própria utilização do tempo.

— Tente realizar reagrupamentos comuns do tempo utilizados nos grupos ou comunidades às quais você pertence.

— Observe o seu tempo livre, o seu tempo de trabalho, os seus projetos de férias, os seus usos do tempo, as suas viagens, os seus tempos de lazer etc., e compare as partes respectivas de tempo dividido e de tempo inteiro. Veja depois como esses diferentes tempos contribuem para tornar o seu tempo um tempo dividido.

VANTAGENS DO TEMPO INTEIRO

Permita-me uma reviravolta completa na orientação deste capítulo a fim de defender a causa daqueles que *buscam* divisões do tempo como balizas em sua existência. Muitas pessoas têm *necessidade* do tempo dividido para entender o mundo à sua volta. As crianças querem saber exatamente quantos instantes tem um momento e têm necessidade de explicação mediante frases como "isso dura quase tanto tempo quanto chupar um pirulito". Alguns adultos têm igualmente necessidade da ajuda de um tempo preciso para estar em condições de compreender as mudanças. E absolutamente não vêem a eternidade como um tempo desejável.

Vou dar o exemplo de Henry. Quando nos encontramos, ele quase não falava. Contentava-se em responder "bom dia", sua reserva de palavras e de frases limitava-se a uma centena e ele as utilizava com parcimônia. No dia em que ele conheceu Isac, uma agenda eletrônica, as fotos digitais entraram em sua vida. O fato de que fossem digitais é irrelevante. O que contava é que eram muitas e que havia uma relação entre as fotos e ele. No início, Henry era incapaz de pôr em ordem as fotos, exceto as impressas. Mas quando as fotos impressas encheram suas paredes, Henry começou a se metamorfosear.

Numa mudança completa, ele se pôs a contemplar essas imagens atento e concentrado. Fomos à casa dele de surpresa (o que absolutamente não desagradava a ele), e o ouvimos resmungando algumas palavras. Ele conversava com as fotos. Um dia, uma idéia me veio ao espírito... e não me abandonou mais: diante das imagens, o *tempo* tinha irrompido na vida de Henry. Acho que, antes, a vida de Henry era vazia não apenas de palavras, mas também de imagens interiores. Pura e simplesmente, ele não dispunha de uma boa quantidade de objetos para refletir. Sem palavras, sem fotos, não há como conservar suas imagens e seus pensamentos. Isso significava que, até então, a existência de Henry tinha se constituído numa seqüência de "agoras". De modo que ele não podia se ligar a alguma coisa, refletir, desejar — mas apenas (e ainda) reconhecer algumas repetições. Mas sem reflexões, sem pensamentos, as experiências não levam muito longe.

E isso explicava perfeitamente por que Henry tinha sido incapaz de aprender o que quer que fosse antes. O aprendizado baseia-se em variações que pressupõem alguma coisa estável — uma lembrança, um ponto de apoio em torno do qual se realizam essas variações. Às vezes, se diz que "a repetição é a mãe de todo aprendizado". Absolutamente, isso não é exato. A repetição permite centrar nossa atenção, nos dá pontos fixos dos quais se pode partir. Mas as mudanças vividas são permanentemente necessárias para se aprender alguma coisa. A variação é a mãe de todo aprendizado.

Até então, as repetições e as variações tinham sido impossíveis para Henry. Ele não possuía nenhuma lembrança ativa daquilo que tinha vivido. Mas, com as imagens à sua disposição, quantidades de fotos de acontecimentos vividos na véspera passaram a estar subitamente presentes em seu presente. Fotos de acontecimentos do dia precedente desencadeavam imagens interiores. Naturalmente, sempre estiveram presentes, mas de maneira passiva. Até então, coincidiam com os acontecimentos do dia. Depois, em pouco tempo, Henry passou a esperar o dia seguinte com prazer.

Isso o levou a um aprendizado quase fenomenal, a uma revolução interior. Henry tem mais de cinqüenta anos. Seu círculo de amigos passou a notar que ele estava mais atento. Seguiu-se uma revolução em sua expressão. Não apenas seu vocabulário aumentou consideravelmente, mas tratava-se sobretudo de um vocabulário ativo. Na aparência, o desenvolvimento fenomenal de Henry só era visível por meio da maneira pela qual ele utilizava essas imagens digitais. Mas, interiormente, era a consciência do tempo que acabara de nascer.

O que assenta o presente é que "ontem" e "amanhã" estejam presentes hoje. O que dá sentido às lembranças é que existe um "antes" e um "depois", uma ordem sem a qual a existência seria caótica. A precisão e os marcos são necessários: "aconteceu antes de nossa mudança", "atenção, isso aconteceu depois que ele fez a barba" etc.

Creio que as pessoas que sofrem de demência senil teriam todo o interesse em dividir o tempo, em fazer com que ele parasse. Durante esse período da vida em que as funções da memória declinam de modo evidente, paramos infelizmente de fazer fotos. As fotos contribuem para aquilo que chamaríamos com precisão de o passado do fim de nossa vida. Continuamos a ser bebês dia após dia, até mesmo hora após hora. Porém, quanto mais se envelhece, mais essa seqüência fica rara. Depois dos cinqüenta, sessenta ou setenta anos, não é com freqüência que se dispõe de fotos daquilo que se fez na véspera ou na semana precedente.

Se se dispusesse de um sistema em que se fizessem fotos digitais, que em seguida seriam projetadas na tela da televisão, teríamos com isso o nosso "Sweet Memory Channel" pessoal. Seriam incluídas fotos antigas e do passado próximo. O fato de começar e de terminar o dia com um diálogo (em imagens) sobre aquilo que se fez no dia (ou na véspera) deveria retardar ou reduzir o declínio da memória.

"A EXPERIÊNCIA VEM COM OS ANOS"

A maneira como cada um utiliza o seu tempo pode suscitar os sentimentos mais curiosos. Britt Östlund escreveu, em sua tese *A experiência vem com os anos,* que, às vezes, interpretamos falsamente a solidão das pessoas idosas. Temos a consciência pesada por não visitar com freqüência os parentes ou os amigos idosos, de não estarmos muito presentes etc. Britt Östlund acha que, na verdade, um grande número de pessoas idosas não quer receber muitas visitas. Quer sua solidão, a paz e o silêncio para refletir sobre sua vida. Mas não se vê com bons olhos isso de ficarem os idosos assim a refletir. Então, a televisão tornou-se um bom álibi em sua existência. Vendo televisão com um olho distraído, as pessoas idosas estão mergulhadas em seus pensamentos. E ninguém lhes pergunta: "Você está me ouvindo?", ninguém exige a sua atenção. Uma das conclusões da tese é que, provavelmente, para um bom número de pessoas idosas que refletem sobre a sua vida, a televisão é uma parceira melhor do que seus semelhantes. A se concordar com essas premissas, a televisão constitui um modo confiável para sentir seu tempo de maneira inteira.

A LEI DO TEMPO INTEIRO,
AINDA UMA VEZ

Isto ajuda algumas pessoas a dividir o seu tempo: desunir, reestruturar e compreender. Nós, "as pessoas vencidas pelo decurso do tempo", não devemos crer que todo mundo deseja um tempo inteiro. A vida como um rio infinito se revela por vezes um pesadelo.

Entretanto, a divisão do tempo não é sempre positiva para as pessoas atingidas por perturbações da memória. Algumas sentem também grandes dificuldades para mudar de atividade. Essa mudança, entretanto, toma de tal forma o tempo em si que elas não chegam a realizar essa atividade, nem a aproveitá-la. O tempo de parada, o "tempo de preparação", se torna então o único tempo possível, e isso, às vezes, se revela fonte de problemas e de confusão.

O que acabo de escrever talvez tenha esse efeito sobre você neste instante preciso. Você seguiu o meu raciocínio, e exatamente no momento em que se tinha integrado a ele, eu bagunço tudo e parto em outra direção, sob um ângulo diferente. Mas assim caminha a vida: tem numerosas facetas e deve conservá-las. Não é complicada, mas seguramente é complexa.

COMPLEXO — COMPLICADO

Tenho um enorme prazer em tentar compreender as coisas complicadas e difíceis, e tentar apresentá-las sob uma forma mais simples. Acontece que algumas coisas chegam a ser tão complicadas, em sua essência, que todas as simplificações se tornam então fábulas ou metáforas. Mas também acontece, às vezes, que o que é complicado, quase como um novelo embaraçado, pode ser compreendido e é possível reencontrar o fio. Temos tudo a ganhar, quando substituímos um novelo inútil por outro desembaraçado — e isso também vale para o fio do pensamento. Não hesitemos em tornar mais simples, mais fácil o que está complicado, porque isso pode ser útil.

O tempo — e nossa relação com o tempo — *não é complicado. É complexo.* Quando se busca simplificar o que é complexo, estamos procurando aborrecimento. Procurando simplificar o que é complexo, arrisca-se a destruir simultaneamente a sua essência e a sua existência. Se comparamos o que é complicado com um novelo que se pode eventualmente desembaraçar, podemos comparar o que é complexo com uma tapeçaria. Se puxarmos o fio da tapeçaria, estaremos destruindo a um só tempo sua forma e seus motivos. Acontece a mesma coisa com o tempo. Só o respeito à sua complexidade levará você mais longe. As simplificações não se dão esse trabalho. Diante da complexidade, é preciso avançar pé ante pé, voltar-se em todos os sentidos e olhar sob diferentes ângulos. A associação que fiz com Krilon é válida aqui também. E o próximo capítulo se intitula "Pensar toma tempo". Todos os exemplos que dou neste livro podem ser resumidos assim: isso toma tempo para refletir sobre o tempo.

T.T.T.
Poeminha de ajuda mnemônica

Escrevi num lugar este provérbio exigente
que meus olhos não deixarão
de ver todos os dias:
    T.T.T.

Quando não temos o endereço,
é bom saber
que, se as coisas levam tempo,
quanto a ti, tu tens
Todo o Teu Tempo.

Piet Hein

CAPÍTULO 5

TTT —
pensar toma tempo

O escritor dinamarquês Piet Hein disse, em seu poeminha, que as coisas levam tempo. Quanto a mim, considero que pensar toma tempo. Toma o tempo de ter idéias, de criá-las, e toma o tempo de livrar-se delas quando, para terminar, elas cumpriram o seu tempo.

Pensar nas miudezas, em nível microscópico, toma tempo. Senão, como haveria a exigência de darmos dois toques para fazer o sinal? Nesta era da informática, em que as mudanças técnicas se dão com a rapidez de um raio, a idéia de que o sinal deveria ser reproduzido na tela com uma única pressão no teclado não ocorreu ao espírito de todos os construtores. Pensar "grande", em nível macroscópico, ainda toma mais tempo. A consumação do tempo é a preocupação número 1 quando se trata de construir, de reconstruir ou de fazer tábua rasa de todo sistema de pensamento, de toda infra-estrutura do pensamento. Nada atrasa tanto o futuro como uma velha infra-estrutura de pensamento. É, portanto, em primeiro lugar, por mudanças no sistema de pensamento que se pode influir sobre o futuro.

De modo que precisamos livrar-nos rapidamente dos modelos de pensamento do industrialismo. Este último nos ensinou que *trabalhar* é importante e que a existência vale pelo trabalho. O fato de ser "solicitado" ou de que se tenha "necessidade de você" tornou-se sinônimo de ter um emprego. Outorgaram-nos tempo livre para o nosso repouso, para que nos ocupemos de nossos encargos pessoais — criar os filhos, ajudar os velhos pais, cozinhar, arrumar a casa e passar as camisas.

O pós-industrialismo deve se desligar desses modelos de pensamento. Mas é preciso ser bem-sucedido na mudança de tendência. Todas as mudanças de tendência (ou de orientação) têm um ponto em comum: suscitam sentimentos apaixonados. Pense no que houve quando a sociedade parou de dar importância à drenagem de terras e ao arroteamento para encorajar a restauração das terras cansadas e dos terrenos pantanosos. Muitos dos que tinham penado a drenar e arrotear suas terras para torná-las cultiváveis reagiram com raiva e um sentimento de vergonha — o que é perfeitamente compreensível. Tudo muito previsível, a tempestade de furor misturada com angústia que explodirá se tivermos (ou quando tivermos) de romper algumas tendências inarredáveis de nosso tempo — por exemplo, recriar, sob uma forma nova, um espaço sem automóveis. Entretanto, acredito que isso não seja nada em comparação com aquilo que nós, cidadãos, teremos de regulamentar para forjar uma nova definição do que seja um membro "útil" da sociedade.

A NECESSIDADE DE SENTIR QUE SE TEM NECESSIDADE DE NÓS

Sabemos certamente que há muitas maneiras para que satisfaçamos essa necessidade de sentir que se tem necessidade de nós. Mesmo quando nos divertimos, queremos sentir isso. Será que existe alguma coisa em nós — observável na maior parte das culturas e ao longo da história — que faz com que prefiramos nos fantasiar e dançar durante o tempo em que não precisamos trabalhar? Dançar não apenas porque isso nos dá prazer, mas também pelo prazer da festa e para agradar aos deuses e potestades. Mas não leve as coisas muito ao pé da letra (esse fantasiar-nos talvez não corresponda hoje mais do que à maquiagem, a dança talvez represente um outro papel em relação ao que lhe atribuímos, os deuses e potestades talvez nada tenham a ver com religião). Esses enfeites, essa dança, esses deuses e potestades simbolizam o fato de que o homem tem necessidade de liberar seus sentimentos e que deseja fazê-lo junto com os outros. Mas não se faz nada com os outros sem antes se pôr de acordo com os seus modos de pensar.

A informática reforça a nossa individualidade e nos permite viver em mundos cada vez mais diferentes. Mas como dar relevo às coisas que temos em comum? Herdamos um acervo cultural comum. Mas temos uma visão cultural comum? Duvido. Creio que, hoje, estamos diante de uma ausência coletiva de esforço comum ou de vontade comum — ou, simplesmente, de uma fé comum.

Não é muito fácil a tentativa de construir essa visão comum. Tenho uma certa simpatia pela criança de três anos à qual, depois que ela disse "até logo" no telefone, ainda pergunto: "Você não quer me dizer mais nada?" Ao que ela responde: "Se eu disse 'até logo', não tenho mais nada para dizer no telefone." Há uma forte lógica no raciocínio de uma criança de três anos. Mas será que não há mais nada a dizer sobre o nosso futuro comum simplesmente porque nos tornamos todos tão individualistas?

TODOS ESSES "ISMOS"

Nossos "ismos" têm alguma coisa de estranho. Impõem-se rapidamente na prática, mas levamos muito tempo para compreendê-los. Assim, o carro-total (o *automóvel-ismo*) é uma coisa muito diferente da soma dos carros e das estradas — tornou-se um modo de vida, com repercussões sobre a maneira como organizamos a economia, o comércio e a sociedade. E sobre a nossa maneira de pensar. Eu, que nasci nos anos 40, acompanhei o desenvolvimento do carro-total na Suécia. Quando meu pai comprou um carro, em 1947, foi um acontecimento para ele e para a aldeia. Ele quis dar uma volta conosco, os filhos. Mas, no mesmo dia, um empregado da fábrica de papel vizinha me deu um pedaço de cartão que eu podia instalar nos raios da roda da minha bicicleta. Quando eu andava, fazia um barulhão — maravilha! Depois, deixaram-me as orelhas ardendo com essa história: eu não quis participar do primeiro passeio de carro, preferindo fazer soar aquela matraca na minha bicicleta.

E permaneci uma dessas pessoas que gostam muito de ir contra a corrente. Entretanto, vivo num tempo do carro-total. Tenho um carro, mas prefiro não usá-lo muito. Gosto da bicicleta, e sobretudo de seu ritmo, que permite a minhas impressões sensoriais (visuais, olfativas e auditivas) me acompanharem. Contudo, meus pensamentos e minha existência estão presos como num torno pelo carro-total. O carro condiciona uma grande parte do que se passa em minha volta e tem uma influência considerável no meu dia-a-dia.

Daqui para a frente, será a vez do *informaticismo*. Basta ver com que rapidez a palavra "informática" se impõe em nosso vocabulário. Mas, por acaso, a frase "as coisas tomam tempo" não vale também para a informática? Sim e não. Pode-se dizer que a informação não toma tempo. Na prática, a informática explodiu sobre nós. Não vamos atrás, verdadeiramente, os modelos de pensamento nos esperam. Se "a informação não toma tempo" corresponde ao *auto-serviço da informação*, "as coisas levam tempo" corresponde quase ao *templo do pensamento*.

O *informaticismo* será uma coisa muito diferente da soma dos *modems*, dos computadores, dos *e-mails* etc. — assim como o *automóvel-ismo* não foi a soma dos carros e das estradas. Se formos refletir sobre o que o *informaticismo* será no futuro, é bom lembrar que a experiência e a história nos mostram que "mais" não significa necessariamente "em maior quantidade" ou "em mais tempo". "Mais" significa, quase sempre, mais *diferente*.

"Mais rápido" significa também "diferentemente". As mudanças do *informaticismo* caminharão muito mais rapidamente do que as do *automóvel-ismo*, e isso numa relação que chegará talvez a 1 para 10. Enquanto a reviravolta do pensamento e a integração nas atividades humanas do carro-total demoraram cinqüenta anos, a informática demorará talvez cinco.

TELEPERSPECTIVA E MEIO AMBIENTE

Uma grande parte dos problemas ecológicos atuais são efeitos secundários do fato de que a nossa cultura imagina não ter tempo — esse tempo que constitui o único capital de que dispomos. No futuro, o homem revelar-se-á um bom ou mau recurso natural em função da maneira como administramos a nossa relação com o TEMPO.

Acreditamos ter resolvido a maior parte dos problemas dependentes da distância. Julgamos saber como nos relacionar com uma interação global fundada sobre o "tele" (do grego *téle*, "longe", significando "ao longe", "à distância").

Na verdade, nos tornamos muito fortes no "tele" para compensar as nossas fraquezas e a nossa falta de aptidão.

O homem não ouve ao longe. Inventou, então, o telefone (do grego *foné*, "voz", "som"). O homem não vê longe, inventou a televisão. Além da utilização do telefone, da televisão e de outros meios de teleinformação, praticamos hoje a teleconsumação e produzimos um monte de "telerresíduos" (rejeitos na atmosfera, poluição do ar, da água e do solo). Portanto, nem tudo está adaptado à "teleperspectiva". Assim, duvido que o "telessaber" nos enriqueça. O saber e a informação não são absolutamente a mesma coisa. As interações e o intercâmbio humano podem verdadeiramente se realizar na base do "tele-"? Pode-se estabelecer uma "telepaz"? Ter uma "telerresponsabilidade"?

TELERREVIRAVOLTAS RÁPIDAS E LENTOS CONSERVADORISMOS NACIONAIS

Os sistemas de pensamento, em nível microscópico ou local, são infinitamente mais difíceis de se modificar do que os de nível global. Compare a rapidez das reviravoltas dos sistemas econômicos mundiais e a obstinação com que se conservam os velhos sistemas de medidas na Grã-Bretanha, nos Estados Unidos e no Canadá. Apesar das declarações internacionais bombásticas, esses países se recusam, na prática, a passar às unidades fixadas pelo Sistema Internacional (S.I.), sistema no qual o comprimento se mede em metros, a massa em gramas. O antigo está profundamente enraizado: por que mudar alguma coisa (polegada, pé, jarda, milha) que está quase inscrita nos genes e medir com esse metro atrapalhado? O indivíduo se pretende internacional, mas é altamente conservador e local!

QUICK MEAL E SLOW FOOD

Em muitos lugares, o *quick meal* (a refeição rápida, os pratos prontos etc.) substituiu o *slow food* (cozinhar, ferver devagar etc.). E, ainda por cima, o mercado nos privou do cheiro do pão fresco saído do forno, dos gostos diferentes e do prazer indefinível que se consegue na cozinha de nossa casa. Mas, sobretudo, modificamos o ritmo do dia-a-dia. A cozinha não se fazia num corre-corre. Havia que esperar. Às vezes, acabava-se mesmo por sentir fome. Talvez fosse aborrecido esperar. Mas a espera é um bom remédio contra a precipitação.

GLOBALIZAÇÃO E RAPIDEZ

Passemos da cozinha ao vasto mundo e a seus modelos de pensamento. "Acho que estamos sendo enganados!", me disse Torbjörn Fagerström, o professor de ecologia, numa tarde de julho de 1997. Foi o início de uma conversa que nada trouxe quanto a soluções simples nem quanto aos "bons velhos tempos". Discutimos as seguintes questões: quais são os progressos? Como os observamos? Torbjörn tomou como ponto de partida a cidade industrial na qual tinha crescido, nos anos 50. Lá, havia uma escola, um posto médico e uma vida que, sob muitos aspectos, era boa, mas seguramente não era tão cara como agora.

Estamos verdadeiramente mais bem servidos? E para onde foi todo aquele dinheiro? O sistema monetário cindiu-se em dois sistemas (ligados apenas aparentemente): um lento e um rápido? Sem que nos déssemos conta — simplesmente porque pensar toma tempo.

Houve um tempo em que o dinheiro funcionava como um meio de troca entre bens e serviços. Trabalhava-se, recebia-se um salário que dava para pagar o aluguel e a alimentação. Mas, há uns dez anos, a segurança e a independência das possibilidades de troca foram minadas pelo outro sistema econômico, o das redes globais. Nestas, o dinheiro eletrônico é trocado pelo dinheiro eletrônico, sem a intermediação dos bens e dos serviços. Não há mesmo necessidade de fazer verdadeiras transações econômicas: as previsões e as antecipações são suficientes. Logo o velho sistema econômico "bens-serviços-dinheiro" estará esgotado.

Pode-se achar que há uma crise sueca ou asiática, que a inquietação se baseia em uma falta de confiança na situação de um país ou de uma região do mundo. Mas, na verdade, se trata de um modelo de pensamento que pertence ao passado, quando o dinheiro era um valor real. Essa relação foi para o espaço quando a roda se pôs a girar livremente sem a estabilidade criada pela fricção contra o mundo real. Ora, é precisamente a fricção que permite a arrancada, o guiamento e a parada.

O antigo sistema econômico, com os bens, os serviços e o dinheiro, possuía uma inércia intrínseca. É impossível produzir bens, contratar alguém ou licenciar quando há velocidade, qualquer velocidade. Essa diferença é que dava sua inércia ao antigo sistema, enquanto o novo sistema é totalmente desprovido dela. O dinheiro é trocado por dinheiro numa fração de segundo.

Seria preciso acrescentar ao Conselho de Segurança da ONU um "Conselho de Segurança Econômica". Na verdade, não temos necessidade de uma União Européia, mas de uma União Global. Os efeitos de nossa maneira de viver se tornaram globais, o governo deveria, portanto, funcionar nesse nível, quer dizer, o nível global em que os efeitos se fazem sentir. Ao mesmo tempo, todo mundo está cansado de saber que não queremos um príncipe mundial. E um príncipe europeu? Penso que isso, por vezes, já tem imobilizado entendimentos entre os dirigentes nacionais e os dirigentes europeus.

As mudanças da economia mundial são autenticamente novas, assim como as mudanças que estão afetando o meio ambiente. O que se produz não é uma repetição das flutuações anteriores da economia mundial. Pela primeira vez, a economia e a ecologia são globais, na prática. Mas não em nosso modo de pensar. Não ainda.

AS DESIGUALDADES SE APROFUNDAM

O mundo está cheio de desigualdades. Se elas já são imensas, pior ainda é que na perspectiva do tempo elas se aprofundam. E tão rapidamente que a aceleração faz com que nos seja impossível compreender o que se passa. Tal aceleração contrabalança as tendências à solidariedade que existe entre as nações, entre ricos e pobres, entre culturas diferentes. Ninguém chega a compreender o que se passa neste mundo novo. Quando há alguma coisa negativa, rapidamente se faz com que a causa se situe num lugar tão longínquo quanto vago — sempre longe, nunca por aqui. Resultado: uma hostilidade crescente para com o outro, o estrangeiro. E aí ficamos, bem no meio de nosso "telemundo", convivendo com uma alienação crescente. Pensar toma tempo!

Da mesma forma, cresce o descompasso entre gerações. Não há dúvida de que o ritmo da mudança se multiplicou em alguns anos. É possível, portanto, que a diferença entre as pessoas nascidas em 1995 e em 2000 seja tão grande como a que existia entre duas gerações. Quais são as conseqüências disso nas diferentes profissões? Os que ensinam envelhecem, agora, mais rapidamente diante de seus alunos do que no passado?

PENSAR TOMA TEMPO — SERÁ QUE ISSO ESTÁ MELHORANDO?

Quando recapitulo os últimos subtítulos, o que tenho diante dos olhos é uma lista bem sombria:
— A necessidade de sentir que se tem necessidade de nós.
— Todos esses "ismos".
— Teleperspectiva e meio ambiente.
— Telerreviravoltas rápidas e lentos conservadorismos nacionais.
— *Quick meal* e *slow food*.
— Globalização e rapidez.
— As desigualdades se aprofundam.

É realmente uma pena que a nossa lentidão não nos permita prever e desvendar o que anda malparado em nome de um pretenso desenvolvimento. Porém, ao mesmo tempo, é uma sorte que a nossa reflexão não siga o ritmo do desenvolvimento. Porque é exatamente a nossa lentidão que vai se revelar o nosso melhor seguro de vida coletivo.

CAPÍTULO 6

Proximidade e presença

O sentimento simultâneo de proximidade e de presença, às vezes, é muito forte. Há alguns anos, vi numa exposição uma gravura de Helena Plato. O motivo não tinha nada de especial, apenas alguns pilares. Ao observá-la, pensei de repente: "Presença". Aproximei-me e li o título: "Proximidade". Desde então, essa gravura está pendurada na minha casa, à entrada. E sempre que olho para ela, digo a mim mesma: "Estou bem aqui. Aqui e agora."

Proximidade e presença estão longe de caminhar juntas. Às vezes, a presença consiste em voltar a certos lugares que conhecemos antes e lá descobrir mudanças havidas durante o nosso longo tempo de ausência. "Puxa vida, passaram-se cinqüenta anos e essa árvore está aí. E agora parece que o musgo está a ponto de asfixiá-la completamente. Foi singularmente rápida essa mudança." Às vezes, nos sentimos próximos de uma pessoa, mesmo quando estamos afastados dela — geograficamente. Às vezes, nos sentimos próximos de nós mesmos, qualquer que seja o lugar onde estejamos.

Com um telefone celular, rompemos uma das ligações entre proximidade e presença. "Sempre se está consigo mesmo", dizia uma canção. Muito bem, de um certo modo. Mas poder-se-ia dizer "agora sempre se está consigo"? Talvez. Ou melhor, sempre se tem seu próprio agora consigo mesmo.

Se prefiro o correio normal e o correio eletrônico é porque meu próprio "agora" está mais organizado, menos invadido. É uma liberdade que a gente pode se dar, um momento de independência. Não era assim na época em que os gestos de uma pessoa tinham uma importância decisiva para o que uma outra pessoa podia fazer no mesmo momento ou no instante seguinte. O mesmo tempo era compartilhado.

O espaço também era fixo. Há apenas duas gerações, uma pessoa praticamente não tinha influência sobre o que se passava a mais de um quilômetro. Também não era influenciada de maneira sensível pelo que se passava longe dela. Quem negligenciava o seu pedaço de terra pagava diretamente pelas conseqüências. Hoje, um sueco se desloca, em média, cinqüenta quilômetros por dia. Pode-se, desse modo, falar de presença e de proximidade globais? O homem está equipado para lidar com uma representação global do mundo? Não creio.

Algumas andorinhas-do-mar realizam migrações que as levam de um pólo a outro tantas vezes na vida que a distância percorrida corresponde à que vai da Terra à Lua. Para conseguir isso, naturalmente devem dispor de uma imagem global do mundo. O homem, por sua vez, não é feito para ir de um pólo a outro. Na verdade, fica muito desorientado se for deslocado só algumas dezenas de quilômetros. Sem meios técnicos, estamos destinados a ficar restritos a uma área geográfica limitada. Essa área cresce graças aos meios técnicos, mas não de maneira ilimitada.

HABITAT ORIGINAL

— Você sabia que eu sou a mamãe de sua mamãe? E que ela morava comigo quando era pequena?
— Hmmm. Mas e eu, *onde* eu estava?
— Ora, você não existia. A casa de boneca era dela.
— Mas e eu, eu estava *onde*?
— Bem, quando ela era tão pequena como Beatriz hoje, não podia ser sua mãe, não é mesmo? Você não existia!
— Tá bem, mas eu, *onde* é que eu estava?
Adoro a obstinação de uma criança de três anos. Ela aceita que houve um tempo em que não tinha nascido. Mas onde estava, então? Seus conceitos de tempo e de espaço são incrivelmente sólidos, claros e lógicos. Antes de surgir a questão, eu não tinha pensado nisso. Mas tenho pensado muito nessa mesma questão, em outro sentido: como as crianças que vão nascer influenciam nossos atos de hoje? Não falo dos fetos ou das crianças que vão nascer logo. Nem mesmo dos filhos dos netos de nossos netos, mas de crianças desconhecidas que nascerão num futuro longínquo. Sua existência futura influi sobre nossos atos no dia-a-dia. Mas eu nunca tinha chegado a

pensar nessas coisas em outro sentido, no sentido oposto. Precisei da ajuda de uma criança para pensar nisso.

Será que é a idéia de que "é mesmo, eu devia existir em algum ponto por aí antes de meu nascimento" que leva tantas pessoas, em nossos dias, a se entregar apaixonadamente às pesquisas genealógicas? Quer-se religar o passado a um *habitat* espacial.

O CONCEITO DE "AQUI"

Tal como o vejo, o homem não vive nem fora do tempo, nem fora do espaço. Tudo o que ele faz se passa num lugar preciso, num tempo preciso. Como conseqüência, sua rede deve estar ligada ao tempo e ao espaço. Eu estava colhendo groselhas num belo dia de verão, quando comecei a me perguntar em que contexto poderia empregar, de maneira natural, essa pequena palavra: "aqui". Podia perfeitamente dizer: "Aqui, perto da groselheira." Também podia dizer: "Aqui, em Österlen" (onde estava a groselheira em questão). Ou ainda: "Aqui, em Lund", "Aqui, em Scania", "Aqui, na Suécia". Mas não posso me imaginar dizendo: "Aqui, na Europa."

Isso não se deve ao fato de que a Suécia só recentemente se tornou membro da União Européia. Certamente, estamos introduzindo na Europa a livre circulação das pessoas e dos bens, normas comuns e uma língua com a qual nos entendemos cada vez mais. Breve, teremos a mesma moeda, até mesmo uma política externa e uma defesa comuns. Mas tudo isso não é suficiente para que eu possa dizer: "Aqui, na Europa." Acho simplesmente que é porque minha rede de conhecidos europeus é muito rarefeita. Meus contatos são pouco numerosos e muito esporádicos. Deixem-me desenvolver essa questão de rede — um conceito que, a meu ver, é central para a presença e a proximidade.

A PROXIMIDADE NA REDE

Todos os homens têm suas redes. O recém-nascido, a criança pequena só está em contato com um pequeno grupo em sua infância pessoal — apenas um pequeno grupo de pessoas a rodeia. O que mais influi sobre a sua personalidade é a maneira como as pessoas vivem o dia-a-dia, como se relacionam mutuamente, como criam e resolvem os problemas do cotidiano.

Decorridos alguns anos, acrescentam-se à sua atividade cultural a creche, a escola, as atividades escolares etc. A rede aumenta e, relativamente, o que é pessoal se reduz. Quanto aos adultos próximos, é primordial que se integrem à infância pessoal da criança. Do contrário, tudo é indiferente, superficial, exterior. O pior é que a criança se sente de tal forma voltada apenas para o exterior, de tal forma excluída, de tal forma anônima que acaba por ver as pessoas como peças que podem ser trocadas — ou por ver a possibilidade de troca em relação a si mesma. Claro, as senhoras da creche ou as professoras mudam, mas a galeria de pessoas em volta da criança não deve variar de modo rápido. Pelo menos um adulto deve permanecer entre essas pessoas de modo permanente. É preciso que exista a proximidade e a permanência de outras pessoas.

Sem esses pontos fixos, a criança está arriscada a perder pé e a contribuir, em seguida, para uma sociedade na qual impere a violência. Se tem profundamente arraigada em si a impressão de que as pessoas próximas são mutáveis, a criança não dará nenhuma importância à possibilidade de se aproximar de alguém ou de atrair alguém. Como indivíduo, perdeu seu rosto. Ao contrário, se a criança se vê a si e vê as outras pessoas como pessoas únicas, essa lei da possibilidade de substituição naturalmente não pode ser válida. Surge em seu lugar uma identidade pessoal, em um tempo pessoal, com a possibilidade de criar uma rede pessoal com outras pessoas.

INFLUÊNCIAS E IMAGENS DE SI MESMO

O homem recebe influências, marcas mesmo, durante toda a sua existência, mas principalmente na infância. Como nasci no campo, as redes de minha infância eram reduzidas e compreendiam poucas pessoas. Em compensação, elas permaneceram por longo tempo em volta de mim. São pessoas que construíram a imagem que tenho de mim mesma. As reações delas — por meio de suas palavras, de suas atitudes e de seus gestos —, as relações humanas entre elas e mim foram decisivas para o meu desenvolvimento. O mesmo pode ser dito de todas as crianças. As relações humanas é que formam a cultura — isto é que é o nosso "aqui". O núcleo da cultura é a comunidade. A ausência de cultura corresponde ao ato de repelir, de rejeitar, à falta de colaboração, ao abandono.

PRESENÇA NA MULTIDÃO,
PRESENÇA NA SOLIDÃO

"A solidão, Bodil, a solidão é o pior inimigo do homem", disse-me, um dia, tio Erik. Estávamos num descampado, na fazenda, em Södra Unnaryd, na região de Småland. Era pelo fim do outono, e, em suas palavras, vi o inverno próximo, a neve e o isolamento. Ainda que algumas vezes tenha me comportado quase como uma eremita, ainda que eu busque com prazer a solidão, acho que compreendo o que tio Erik queria dizer. Quando um homem não tem mais rede ao seu alcance, a imagem que tem de si mesmo se desagrega.

É verdade, as relações entre as pessoas são mais frouxas na periferia do que no centro. E a tendência global é que o centro se torne cada vez mais denso. Na Suécia, 83% da população vivem em aglomerações urbanas. Nove crianças em cada dez crescem nas cidades. Assim, é difícil esperar que a maioria das pessoas se desmanche de amor pela natureza, sobretudo no verão. No ano 2000,* mais de metade da população mundial viverá nas cidades. Um século antes, o número relativo era de apenas 12%. E as cidades não param de crescer. Hoje, apenas Tóquio já tem mais de vinte milhões de habitantes, mas, em 2015, provavelmente sete cidades terão mais de vinte milhões de habitantes.

Quer dizer, passamos de 12% de cidadãos urbanos no mundo a 50% — em um século! Quem é, então, esse Urbano que conduz a urbanização? Acaso seria uma combinação de três das forças humanas mais ativas: a preguiça, o instinto de posse e a sede de uma liberdade de ação individual sempre crescente? É este tipo de presença que buscamos na multidão das cidades? Ou seria a agitação que nos atrai? Queremos tudo *de uma vez*! Ou procuramos mais o ritmo trepidante do tempo do que a densidade da população?

Não tenho resposta para essas perguntas. Mas sei que as atrações são uma coisa e os efeitos outra. A rede muito monótona e permanente das aldeias seria melhor? A chave da imagem de si mesmo seria mais fácil de se encontrar, nesse caso? Não é muito fácil prever o que será de fulano e sicrano. Justamente por isso a desertificação dos campos em favor das cidades é, no mínimo, brutal. *Na Suécia, em duas gerações,*

---

*A edição sueca deste livro é de 1999. (N. do T.)

mudamos radicalmente as condições nas quais nossas crianças vão crescer: a imagem que elas terão de si mesmas e sua percepção do tempo.

PRESENÇA E CRUZAMENTO DAS REDES

Na Suécia, se você organizar uma lista de cem pessoas que conhece, há uma grande possibilidade de que eu conheça pelo menos algumas delas. Nossas redes se cruzam. E é precisamente esse cruzamento das redes que faz com que pertençamos à mesma cultura, à mesma sociedade.

Sem redes que se cruzem, a sociedade toda pode desabar como um castelo de cartas. Em nossa época, a queda dos países do Leste constitui um exemplo patente. Lá, as pessoas tinham estreitado suas redes, uma vez que ninguém sabia se determinada pessoa era digna de confiança ou se era um informante. A proibição de viajar também contribuía para a redução das redes individuais. O cruzamento das redes de tal modo se tinha tornado tênue que não havia mais estabilidade intrínseca quando o aparelho dirigente começou a vacilar. E os castelos de cartas desmoronaram quando bateu o vento.

A internet nos propõe redes e cruzamentos até então insuspeitados. Trata-se de uma rede gigantesca, mas nem por isso excessivamente grande, porque cada um dos que a utilizam constrói a rede que quer. Vê-se tão longe quanto queira a sua vontade, e o horizonte da internet é particularmente alterável. Faz-se somente o cruzamento que cada um deseja.

ESTAR PERTO DE SEUS PENSAMENTOS

Ninguém, nem mesmo os pesquisadores, tem resposta para todas as perguntas que não param de surgir. Mas, sabendo que o homem é capaz de pensar por si próprio, não deveríamos nos inquietar muito com essas perguntas sem resposta. A melhor estratégia consiste em encorajar a capacidade de pensar por si mesmo e se comunicar com os outros. A pior estratégia seria colaborar para a criação de uma sociedade na qual cidadãos embrutecidos ficariam esperando que chefes onipotentes resolvessem os problemas. Sempre haverá pessoas achando que têm respostas para todas as perguntas. E é quando "todo mundo" acredita e segue esses chefes que uma mudança de meio ambiente pode se tornar gravíssima.

O oposto é uma multidão de pessoas, de atividades e de redes. Há uma estabilidade dinâmica no meio dessa multidão, quer dizer, uma situação na qual se pode achar uma resposta colocando-se no coração do movimento. Se achamos que as mudanças se fazem muito depressa, estou certa de que isso não é nada em comparação com o que acontecerá no futuro. Por isso é que podemos repousar quando estamos próximos de nossos pensamentos, quando podemos fornecer recursos à nossa faculdade de pensar.

Em nossos dias, muita gente já se diz esgotada pelas mudanças rápidas. Com uma troca cuja aceleração não pára, não teremos mais força para dar saltos de gigante esporádicos que nos levem a dizer depois: "Não, já mudei demais, esta mudança é suficiente para alguns anos. Por um bom tempo, não tenho mais a intenção de mudar." Um salto de gigante seguido por um imobilismo quase obsessivo, na verdade, não passa de uma sacudidela. E se as sacudidelas se acelerarem, acabaremos num movimento contínuo. Nesse caso, deveremos procurar repouso mais no movimento do que na imobilidade.

HÁ ALGUMA COISA QUE NÃO ESTEJA SITUADA NO ESPAÇO?

As questões existenciais sobre a vida e a morte são intemporais, no sentido exato do termo. É diferente o que chamamos, às vezes, de um "modo intemporal". Um "modo intemporal" não é nem intemporal nem eterno. Durará talvez um decênio ou dois, mas certamente não chegará a um século.

Mas há alguma coisa que não esteja situada no espaço? Ou que lhe escape? Curiosamente, nos últimos cinqüenta anos, temos mais ou menos abolido as distâncias. Contamos habitualmente em horas em vez de contar em quilômetros. A distância entre dois lugares não é tão importante. O que importa é a velocidade com que se vai de um lugar a outro. De um ponto de vista geográfico, os antigos "aqui" e "lá" perderam o seu significado. Entretanto, o homem é um ser fundamentalmente local, inscrito no lugar, no espaço. O que importa é saber se compreendemos outra coisa além das medidas de comprimento, de superfície e de volume, quer dizer, alguma coisa que se pareça com a nossa altura e com a nossa extensão.

Nossos pensamentos fazem freqüentemente abstração do espaço, da distância. Desse modo, acreditamos compreender a natureza e o meio ambiente sem religá-los a seu espaço, a seu lugar. Mas nada dizemos sobre isso, claro. Porque, nesse caso, perceberíamos a loucura de querer ignorar as características locais e regionais. Assim, é fácil ver que os que planificaram o túnel de Hallandsås* não têm o menor respeito pela população local e seus pontos de vista.

COMO CRIAR A PROXIMIDADE E A PRESENÇA

Em suas *Memórias*, Bertrand Russell fala daquilo que, segundo ele, faz com que a vida valha a pena ser vivida:
— a procura do saber;

---
*Na província sueca de Halland. (N. do T.)

— a busca do amor;

— a empatia com aqueles que sofrem.

Ele partia de sua experiência pessoal. Acredito que seja decidindo viver segundo esses três valores que se fica simultaneamente próximo e presente. Se não conseguimos atingir a realidade — e com a condição de sermos dotados de imaginação —, é possível que nos refugiemos num espaço interior. Os que nos rodeiam não apreciarão muito. Quantas crianças não são repreendidas com a frase "Não fique aí sonhando!"? Na verdade, essa capacidade é uma das mais belas que existem e não se deve lutar contra ela. Com essa capacidade, a criança pode atingir, mais tarde, aquilo que é importante exteriormente: a procura do saber, a busca do amor, a empatia com os que sofrem. Mas esse "exterior" só deve sobrevir quando a criança estiver pronta. O devaneio interior, às vezes, é que ajuda esse entretempo.

É possível criar proximidade e presença coletivas lado a lado com as grandes manifestações políticas, com os concertos de *rock* e com as manifestações esportivas? Era nisso exatamente em que eu pensava, na conferência "Globo 1998", quando ouvi Gede Raka, um indonésio. Ele falava da maneira como se cria um meio ambiente criativo. E nisso reconheci, de repente, palavras familiares. Segundo ele, os sinais de um meio criativo são aqueles:

— em que se encoraje o estudo;

— em que se busque fazer o bem;

— em que haja amizade.

Impossível deixar de reconhecer as semelhanças evidentes entre as concepções de Bertrand Russell e as de Gede Raka, ainda que eles tenham crescido em lugares diferentes e em épocas totalmente diferentes.

Se eu tivesse de ilustrar com uma frase o que são a proximidade e a presença, seria com esta: *a proximidade e a presença produzem um meio ambiente criativo*.

CAPÍTULO 7

Marcha da mudança e percepção do tempo

Viu-se que, até aqui, não parei de insistir sobre o fato de que o homem não é muito dotado para *medir* o tempo dos relógios interiormente, em seu corpo. Falei do tempo vivido, que não é influenciado apenas pelos minutos absolutos, mas também pela qualidade desse tempo, quer dizer, um tempo em que não estamos perturbados, o "tempo de parada" e assim por diante. Mas, à semelhança das plantas, das drosófilas e das bactérias, temos relógios inatos, dos quais dependíamos inteiramente antes de chegar a construir relógios exteriores. É aí que nos encontramos com os relógios — um interno e um externo — e descobrimos, então, nossa capacidade de adaptação ao tempo. Uma capacidade que constitui uma de nossas grandes superioridades e também uma de nossas maiores fraquezas.

Quando descobrimos uma técnica que exige um ritmo totalmente diferente do ritmo do passado, nós nos adaptamos a essa nova situação. Mesmo que nos falte o equipamento biológico. O homem pode mudar de fuso horário. Ao fim de alguns dias, o corpo se habitua à alteração horária. Nós nos adaptamos a andar num carro que corre a 110 km/h, temos a sensação de dominar a situação e vemos o ambiente em torno como imóvel. Simplesmente deixamos de levar em conta o "efeito da velocidade". O homem também é capaz de adaptar a sua percepção do tempo à cadência em que caminha o mundo — com alguma "alteração de ritmo", entretanto.

Esse será o assunto deste capítulo.

Na maioria das vezes, são essas mudanças técnicas que possibilitam outras mudanças, que influem sobre o homem. Muitas coisas se ligam entre si. Por exemplo, não é uma coincidência que o *apartheid* na África do Sul tenha se esboroado ao mesmo tempo que o muro entre Oriente e Ocidente também caiu. Quando os absurdos se expõem aos olhos do mundo, cavam a sua própria sepultura. No início dos anos 90 a CNN acompanhou ao vivo o golpe que tentava reverter a *glasnost* na Rússia. Que teria acontecido se a televisão não estivesse presente? O golpe não teria terminado de forma diferente?

Não se trata de um acaso que, de agora em diante, a economia seja global. São as redes digitais globais que constituem a base técnica sobre a qual tudo repousa. Como também não é um acaso que agora os estudantes pesquisem mais, pois eles se beneficiam precisamente da ajuda da técnica para poder pesquisar.

DEFASAGEM DE RITMO

Quando penso no primeiro passo do homem na Lua, em 1969, parece que volto a um tempo infinitamente distante. Quando penso um pouco mais, dou-me conta de que, por ocasião daquela data, eu tinha vivido vinte e sete anos, o que corresponde quase à metade do que vivi até hoje. Se tento uma projeção pessoal para o futuro, descubro que ninguém tem a menor idéia do que lhe reserva o futuro. Mas há uma coisa de que estou segura: as mudanças que se vão produzir no curso dos próximos vinte e sete anos serão muito mais importantes do que as que se produziram nos primeiros vinte e sete anos de minha existência.

Como uma civilização pode enfrentar isso? Tudo anda mais depressa, sempre mais depressa, cada vez mais depressa. Os homens começam a reagir. Não queremos mais isso. Arrastamos os pés. Creio que para isso há um único remédio: tentar achar uma espécie de repouso no próprio coração do movimento.

Também podemos apelar para a teoria das idéias dos filósofos gregos. Nenhuma palavra sobre o movimento. Na verdade, eles consideravam que explorar o que se move, o que muda, não serve para nada, uma vez que, se voltarmos a esse ponto, ele não estará mais lá. Entretanto, inspirada em alguns aspectos de sua teoria das idéias, tentei aplicá-los ao contexto do mutável.

Platão considerava que um cavalo no mundo sensível não era tão importante como a idéia do cavalo, a essência do cavalo. A essência do cavalo é eterna e todos os cavalos existentes não são mais do que reflexos imperfeitos dessa idéia. E se considerássemos a técnica da mesma maneira? Deveríamos então buscar a essência da técnica, a própria idéia que está por trás de todos esses reflexos imperfeitos, todos esses dispositivos e engenhocas que nos rodeiam.

A ESSÊNCIA DO RELÓGIO, IDÉIA DO RELÓGIO

Assim, vejamos o relógio. Para que serve o relógio? O relógio foi inventado como uma coisa que deveria se parecer com o universo (os relógios de sol, os relógios das igrejas e até o relógio comum de ponteiros). O tempo do relógio era uma reprodução fina e tranqüila do movimento solar no céu — tal como o homem o via. Vieram, depois, meios sempre mais refinados de medição do tempo e chegamos ao relógio de mostrador digital. Relógio que se distingue dos outros porque não tem absolutamente nada a ver com o universo.

Os relógios de mostrador digital não constituem um sintoma de que dispomos com toda a certeza de uma precisão ligada ao micro e ao macrocosmo, mas que nada tem a ver com o universo? Não são, por acaso, o sintoma de uma revolução ideológica muito mais profunda do que poderíamos imaginar, quer dizer, que a idéia do relógio, a essência do relógio é mostrar não mais o curso natural do tempo, mas unicamente o tempo artificial?

O INDUSTRIALISMO E O RELÓGIO

Por que corremos tanto atrás do tempo? Uma das razões principais é que estamos adaptados aos modelos de pensamento da era industrial. O industrialismo faz com que nos entreguemos totalmente ao tempo artificial. Sua ascensão, assim como o seu declínio atual, deformaram igualmente a nossa atitude em relação ao trabalho e à maneira como o avaliamos.

Voltemos um século atrás. Em 1899, lutava-se ferozmente para parar de se matar no trabalho. Uma pessoa teria sido incapaz de entender uma idéia tão absurda como a de desejar criar trabalho. As pessoas aspiravam à liberdade do trabalho, ou ao desemprego. Um homem de 1899 jamais pronunciaria a palavra "desemprego" com soluços na voz. Antes, perguntaria: "Você acha que não é bom evitar que as pessoas se matem no trabalho?"

Mas existia, naquela época, a seguinte regra, que continua vigorando hoje: o homem precisa sentir que as pessoas têm necessidade dele. Digo a mim mesma, às vezes, que deveríamos criar um Ministério do Desemprego. E, é claro, o ministro ou a ministra no exercício do cargo não deveria lutar contra o desemprego. Deveria, sim, lutar para que os desempregados sentissem que temos necessidade deles. Pois não faltam coisas a serem feitas, e nada diz que elas devam ser feitas segundo as antigas formas de trabalho.

CONDICIONAMENTO

Hoje, nos deparamos com uma relíquia do industrialismo: o relógio, e sua dominação. Nosso aprendizado e nossos estudos têm, portanto, um forte traço de condicionamento. Reagimos instintivamente ao relógio e à maneira como ele regula todo o nosso tempo. Reagimos tanto ao relógio quanto ao condicionamento — há trabalho, e trabalho que deve ser feito.

O toque de silêncio da era do industrialismo já soou. Logo, provavelmente, haverá tão pouca gente trabalhando na indústria como na agricultura. Os modelos de pensamento do industrialismo se tornaram muito velhos. Mas ainda sobrevivem e embotam os nossos pensamentos, entre outras formas, por intermédio do relógio. O industrialismo conquistou outras etapas de nossa existência. Pensemos um pouco em todas estas palavras ou expressões positivas: racionalismo, automatização, tempo de trabalho e tempo livre. Há um equívoco em buscar ingenuamente aplicá-las aos trabalhos da área de relações humanas, como os cuidados médicos ou o ensino, ou os trabalhos "intra-humanos", como a pesquisa e o estudo. É mais estúpido ainda achar que os modelos de pensamento do industrialismo influem sobre as atividades do futuro. Entretanto, sabemos que as ações humanas não se regulam nem se automatizam, não é assim? E também sabemos que a pesquisa (criar novos conhecimentos) e o estudo (criar novos conhecimentos dentro de si mesmo) devem ser medidos por padrões totalmente diferentes dos padrões do industrialismo. É claro que sabemos. Errado, não sabemos. Eu deveria perguntar: quando "saberemos"? Quando iremos dispor de boas alternativas? Alternativas que ameaçam se arrastar por muito tempo se não começarmos agora um "desaprendizado" — um descondicionamento. E para isso temos mais necessidade de "pensologia" que de tecnologia.

PENSOLOGIA CONTRA TECNOLOGIA

A pensologia futura teve seus pressupostos fortemente cerceados pelo fato de que a sociedade de informação e dos veículos de comunicação modelou o passo do industrialismo. Que aceleração do ritmo da mudança! Um dos dilemas de nosso tempo é a ausência de pausas nos veículos de comunicação, assim como o medo de se desviar de uma superfície lisa. É raro que nos seja proposta alguma coisa difícil, exigente, ou que não nos encante. Os telespectadores teriam tal medo que mudariam de canal. O conformismo é uma espiral devastadora. Quanto mais superficial é o conteúdo, menos resistência encontra por parte do público... e menos o público em questão está disposto a mudar de canal. Nessas condições, as expectativas só podem se concretizar.

Pergunto-me se já não estaria na hora de existir uma rede de TV diferente. Nesta nossa época de um sem-número de canais de televisão, da televisão digital, acredito que haja um mercado para uma rede cujo *slogan* seria: "A TV dos teléfobos." Seria uma TV voltada para nós, que deixamos de ver televisão não apenas porque estamos decepcionados com o seu conteúdo, mas também porque ver televisão nos irrita. Essa rede anunciaria orgulhosamente: "Aqui não há publicidade. Se tivéssemos publicidade, este programa duraria no mínimo uma hora. Aqui, nada de chamadas de programa, nada de filmetes de anúncios que arrasam com o humor e com o ambiente."

Com essa rede, estaríamos tranqüilos, sabendo de antemão que nossos sentidos teriam direito a pausas razoáveis. Evitaríamos as rupturas brutais que só provocam indiferença. Essa rede seria a nossa, seria para nós "a geração do canal fixo", nós, que preferimos um conteúdo em que haja reflexão, um conteúdo de qualidade, com transições suaves entre os programas.

A INÉRCIA DO PENSAMENTO

Enquanto o ritmo de mudança era ameno, nossa capacidade de reconhecer velhos modelos de pensamento era um bom modo de manter contato com a nossa herança cultural e de transmiti-la: "Isso sempre foi assim, será sempre assim." Mas como o ritmo se tornou muito acelerado, talvez seja melhor questionar os velhos modelos em vez de buscar interpretar cada situação nova com um olhar antigo. Isso não será fácil. O obstáculo não virá apenas do conservadorismo de nossos pensamentos, mas também de uma resistência em nossos corpos. A evolução tem uma pronunciada "defasagem de ritmo".

Tomemos a visão. Vemos com clareza o que está diante de nós, mas apenas entrevemos o que se passa ao lado, em relação a nós. Isso era perfeitamente suficiente, tanto que nos deslocávamos a velocidades ajustadas a nós ou diretamente ligadas ao nosso corpo. A visão não era totalmente adaptada para galopar a cavalo; entretanto, quanto à visão lateral, sentíamo-nos relativamente bem nessa situação. Uma advertência vinda do lado nos levava a voltar a cabeça imediatamente, e logo se via o obstáculo eventual.

Na época do automóvel, a situação é diferente. A visão lateral não é suficiente para que tenhamos tempo de ver uma criança (ou um veado) que surja do lado. Desenvolver-se-ão talvez aperfeiçoamentos da visão lateral (os trabalhos estão em curso), mas isso não muda o essencial: a visão do homem não foi feita para deslocamentos em grande velocidade.

NÃO HÁ FOBIAS DA VELOCIDADE

É interessante observar que a evolução se passou tão depressa que a humanidade nem sequer chegou a desenvolver fobias da velocidade. Em outros domínios, a evolução proporcionou tempo suficiente para que criássemos fobias diante de certas situações: alturas, grandes espaços, espaços fechados, aranhas, serpentes etc. Mas, como a possibilidade de se deslocar rapidamente é relativamente nova, os sistemas de alerta próprios não tiveram tempo de se desenvolver.

Que fazer ante essa carência de "reflexo diante das grandes velocidades"? Muito bem, poderíamos começar tomando como parâmetros os velhos modelos de pensamento, o bom senso coletivo. Coisa que se desenvolveu através de gerações e gerações. Um exemplo que prova que o bom senso coletivo estava bem vivo no tempo de minha juventude: todo mundo sabia, sem que para isso fosse necessário entregar-se à mínima pesquisa, que não alimentamos os herbívoros (as vacas) com animais mortos.

O BOM SENSO

Entretanto, é preciso agir com cautela quanto a esse bom senso coletivo. Seria muito fácil esconder-se por trás dele. O bom senso coletivo baseado em idéias antediluvianas, porém, está mais apto a durar do que aquele baseado em idéias semi-ultrapassadas. Um grande número de modelos de pensamento que viram a luz, nos últimos cinqüenta anos, está arriscado, quanto à duração, a revelar-se voga passageira. Tente, em seu foro íntimo, reproduzir todos os modelos de pensamento aparecidos antes de 1950 com o seguinte aviso: "Deve ser consumido antes de 1-1-1999." Uma datação desse tipo nos obrigaria a buscar alternativas ou boas razões para prolongar o prazo de vencimento.

E se, graças a isso, nós tivéssemos nos habituado a desconfiar de grupos constituídos unicamente de pessoas da mesma idade ou do mesmo sexo? Em nossa época, a homogeneidade desses grupos deveria funcionar como um sinal de alerta: "Perigo, unicidade". Não faltam exemplos, hoje. Exemplos que nos mostram o que acontece quando a humanidade, presa à regra "a elite é pequena", introduz mudanças que, dez ou vinte anos depois, revelam-se desastrosas. Como a doença da vaca louca. Que nos ensina esse erro — um dos mais loucos do nosso tempo? Que lição tirar dele para o futuro? E, afinal, como chegamos a ele? Quem teve a idéia de alimentar herbívoros (que, em seguida, devem ser comidos por seres humanos) com cadáveres? Esqueça por um instante a ciência e as considerações sobre o que aconteceu com as vacas no nível celular. Antes, pense nisto: essa decisão surpreendente foi tomada por homens, pequenos grupos de homens — células. Creio, de resto, que só se chega a uma decisão dessas quando, em círculos muito pequenos ou muito homogêneos, grupos dizem, ou uma pessoa diz: "Mas é evidente, caro amigo, formidável! Que boa idéia!", dá um tapa nas costas de quem está a seu lado, que responde com um tapinha igualmente amigável.

Nessas pequenas células humanas é que o homem pode perder o contato com o seu bom senso coletivo transmitido através de toda a história cultural. Para mantê-lo aceso, há necessidade de grupos misturados, com jovens e velhos, homens e mulheres, pesquisadores e neófitos.

A DEFASAGEM DE RITMO E PESQUISA

Mesmo na pesquisa — essa pretensa ponta-de-lança da humanidade voltada para o futuro —, a velocidade se revela uma ameaça para a própria essência dessa atividade. Como avaliar a novidade? Quem avalia a novidade? E quem avalia os avaliadores? Como fazer quando se quer defender a qualidade, mas se dispõe apenas dos critérios e dos conceitos próprios para a pesquisa do momento? Nesse caso, é grande o risco de nunca haver renovação. Pode-se legitimamente inquietar-se com o fato de que as pesquisas autenticamente novas encontram grandes obstáculos.

Como os recém-chegados podem se fazer ouvir entre os pesquisadores estabelecidos, de alto nível (medido segundo os seus próprios critérios)? Os novos não dispõem de sucessos passados para influenciá-los e, às vezes, nem mesmo de métodos reconhecidos que possam lhes dar uma retaguarda. É impossível distinguir entre um possível gênio e um eventual charlatão. Não se sabe como avaliar, porque suas contribuições, às vezes, são inutilizadas pelos sistemas atuais, pelo menos de imediato.

Ouso dar um passo adiante aqui: isso vai se tornar cada vez mais difícil, porque os conhecimentos aumentam a uma velocidade cada vez mais elevada. Há mais pesquisadores em atividade atualmente do que a soma de todos os pesquisadores do passado. E as sociedades tendem mais a se tornar sociedades do conhecimento. Estamos, portanto, numa situação na qual a pesquisa segue um crescimento exponencial, com elevada taxa de aumento.

FUNÇÕES EXPONENCIAIS

Que é uma função exponencial? Você certamente já viu uma grande quantidade dessas curvas que sobem bruscamente, depois de um lento início de percurso, ou que descem rapida mente. Para o Paraíso ou para o Inferno. Todas repousam sobre a mesma base.

Tenho a intenção de explicar a você em que consiste essa base. Se você se sentir mal depois de algumas linhas, pode pular esse trecho e passar diretamente ao seguinte. Mas se você seguir a demonstração ilustrada pelo lago e pelos nenúfares, terá aprendido alguma coisa que vai servir para você em muitas situações. Afinal, é impossível, para mim, publicar um livro no dia 1-1-1999, intitulado *Dez considerações sobre o tempo*, sem ir ao fundo dos mecanismos das funções exponenciais. Mas, fica prometido, nada de fórmulas.

Nesse lago, o número de nenúfares dobra a cada ano. De início, há só algumas pequenas placas de nenúfares que cobrem talvez 1/32 da superfície do lago. Todo mundo acha o lago encantador, mesmo aqueles que nele se banham. O mesmo continua a acontecer no ano seguinte, quando os nenúfares cobrem 1/16 da superfície. Mas, a partir daí, tudo se acelera. No ano seguinte, é um 1/8 da superfície que está coberta; um ano depois, 1/4. E, no ano seguinte, a metade. A partir do momento em que a metade da superfície do lago está coberta de nenúfares, temos, no máximo, um ano diante de nós antes que a superfície esteja totalmente coberta. Tome um papel e considere as coisas. Você vê a que ponto o crescimento é enganador? Por um lado, a taxa não muda — de cada nenúfar não nascem mais nenúfares no quinto ano do que no primeiro. Porém, uma vez que se acrescentam mais nenúfares de modo constante, há mais nenúfares que podem se multiplicar. E há mais coisas, e mais ainda. É isso o que caracteriza todas as funções exponenciais: o crescimento individual e constante, mas o crescimento total se faz cada vez mais rapidamente. Há também funções exponenciais decrescentes, um conjunto no qual alguma coisa diminui a cada instante seguindo uma taxa de decréscimo constante por unidade existente. O decréscimo é extremamente rápido, no início, para se estabilizar depois, uma vez que resta uma quantidade cada vez menor que pode decrescer. A desintegração radioativa é um exemplo perfeito de função exponencial decrescente. Depois de metade da vida (ou um período), resta a metade da quantidade dada dos átomos radioativos. Depois de uma segunda metade da vida, resta uma quarta parte; depois de uma terceira, um oitavo etc.

As funções exponenciais estão vivas em numerosos domínios da biologia e da física, por exemplo: o crescimento das bactérias, o crescimento (ou o decréscimo) da população de lebres em determinada zona. Na prática, os crescimentos exponenciais biológicos são interrompidos ao fim de um dado momento pela intervenção de um outro fenômeno biológico (ou pelos remédios, pesticidas etc.).

Em compensação, as funções exponenciais da técnica (a difusão da informática, por exemplo) não são ameaçadas por outras funções exponenciais. Podem, portanto, ir muito longe, ainda que nem você nem eu sejamos particularmente exponenciais por natureza. Pelo contrário, somos seres de hábitos. Se formos submetidos a funções exponenciais que tenham uma grande influência sobre nós, nossa percepção do tempo ficará, nesse caso, profundamente modificada. Seja no sentido de que passamos a ter a impressão de que o tempo voa, seja quando nos dizemos que, uma vez que tantas coisas mudaram, não é possível que tenha decorrido só um ano — é preciso que esse período tenha sido de dois, três ou dez anos!

É mais comum ter-se a impressão de que o tempo voa do que pensar que um ano durou mais tempo. Entretanto, já tive essa impressão recentemente, talvez ainda a tenha agora, no momento em que escrevo.

A sociedade do conhecimento, a internet e tudo o que se passa em torno de mim são tão desconcertantes que a minha experiência me diz que todas essas novidades não podem ser produzidas assim em tão pouco tempo. Tem-se a mesma sensação voltando das férias — fica-se com a impressão de que estávamos longe de casa por muito mais tempo. Quando os desconcertos são consideráveis, perdemos a noção do tempo.

A DISPARADA DO DESENVOLVIMENTO DOS CONHECIMENTOS

Pode-se temer, com justo motivo, que a disparada do desenvolvimento dos conhecimentos traga potencialmente conseqüências nefastas. E se decidirmos previamente que todos os conhecimentos novos são ruins? Isso atrapalharia alguma coisa? Não sei dizer. Na verdade, não sei nada. Muitas pessoas, e eu entre elas, são mais curiosas, não conseguem deixar de fazer perguntas a si mesmas, e de achar que uma resposta acarreta uma outra pergunta.

Quais seriam os remédios para impedir que as funções exponenciais da técnica tenham um sentido de opressão sobre a humanidade? Diz-se, com propriedade, que enquanto "você fica vendo televisão, olhando para o umbigo ou para os pés", a pesquisa dá uma sacudida nas concepções e nas idéias estabelecidas. Dolly, a ovelha clonada, é um exemplo espetacular. Mas é apenas o início. Considere as seguintes frases:

O homem está a ponto de poder descrever, transformar e criar a vida.

O homem está a ponto de poder romper as relações entre a sexualidade e a reprodução.

O homem está a ponto de tornar a fronteira entre a vida e a morte cada vez menos nítida.

Graças à informática, o homem pode estar prestes a resolver alguns dos enigmas do saber.

Repita essas frases, interiormente ou em voz alta. "A ponto de". Trata-se de um processo em andamento, e as aberturas dar-se-ão num futuro próximo. Daqui a alguns anos, concepções humanas fundamentais poderão estar transformadas de um modo que mexerá com o cotidiano de todos nós.

Que segurança existe num tal mundo? Muito bem, certamente não será a segurança que conhecemos. Não acreditamos que a sociedade, as organizações formais ou mesmo as funções exponenciais que operam de modo simultâneo no mundo das idéias estarão mutuamente ameaçadas, como elas próprias são ameaçadoras em nosso mundo material. Quero levar apenas uma coisa do velho mundo para o mundo imaterial. Uma frase de Astrid Lindgren, em *Fifi Feita-de-aço:* "Aquele que é muito forte também deve ser amável."

BOA VONTADE, COMPETÊNCIA E CORAGEM NAS OPINIÕES

Mas as possibilidades de que os pesquisadores sejam amáveis não são muito grandes. Quanto à amabilidade, somos um pouco como todo mundo. Mas a amabilidade não é coisa fixa de uma vez para sempre. As pessoas mudam em função de seu meio ambiente, e entre essas pessoas estão os pesquisadores. Suponhamos que todo mundo, ou pelo menos uma maioria, esteja empenhado na pesquisa de conhecimentos. Suponhamos que um número maior de pessoas compreenda plenamente o desafio do crescimento exponencial dos conhecimentos. Suponhamos que um número maior de pessoas se dedique à pesquisa voltada para o homem e sua sede de saber.

Suponhamos, suponhamos. Mas como é que isso vai acontecer? "A elite é pequena", não é? Os astros da pesquisa formam uma elite ainda mais reduzida. É verdade. Mas existem a teoria e o método em torno da pesquisa. Tomemos a criança que a cada dia estabelece novas ligações — quer dizer, novas teorias. Ninguém desejará que essas teorias sejam perfeitas, talvez elas não durem até o dia seguinte. Mas basta que uma pessoa tire um benefício de suas próprias teorias, basta que seus pensamentos sigam uma boa economia (quer dizer, uma boa organização) e não poluam o meio ambiente, eu já recomendaria, nesse caso, uma ampla dose de generosidade do pensamento, tanto para proteger a segurança do empenho que deve existir para preservar o fato de que o homem é capaz de pensar por si mesmo (ver mais adiante), quanto porque as coisas assim serão muito mais amenas.

Só quando se quer ter "razão" frente aos outros é que se deve estar em condições de provar a perfeição de suas próprias teorias. Caso contrário, ninguém aceitará uma mudança nos velhos modelos de pensamento, cuja elaboração custou sangue, suor e lágrimas.

O melhor seria nos atermos à definição das Luzes de Kant:

— As Luzes significam "a saída do homem de sua minoridade, saída pela qual ele próprio é responsável".

— "Minoridade quer dizer incapacidade de se servir de seu entendimento sem a direção de outro."

— "Minoridade pela qual ele é responsável, uma vez que a causa disso reside não em uma falta de entendimento, mas numa falta de decisão e de coragem."

Uma pequena reflexão sobre essa "coragem". Há alguns anos, vi, em *Dagens Nyheter*, uma crônica que mostrava um diagrama cujos eixos eram "boa vontade" e "competência". Eis um bom diagrama para se guardar no espírito. Ele me ajudou em incontáveis situações que, de outro modo, teriam me causado fortes quedas de adrenalina. A combinação "boa vontade sem competência" não é boa. Como não é boa também a combinação "competência sem boa vontade". Uma porção correta de boa vontade combinada com uma dose razoável de competência tende a dar bons resultados.

Há, porém, às vezes, necessidade de uma terceira qualidade: a coragem de suas opiniões. Porque, diante das pressões do meio ambiente às quais o homem é submetido, não é a falta de entendimento que cria os maiores problemas. Será antes o que Kant chama de "uma falta de decisão e de coragem". O diagrama da viabilidade pede três eixos: um para a competência, um para a boa vontade e um para a coragem de suas opiniões.

```
           boa vontade
                ↑
                |
                |————→ competência
               ↙
      
coragem de suas opiniões
```

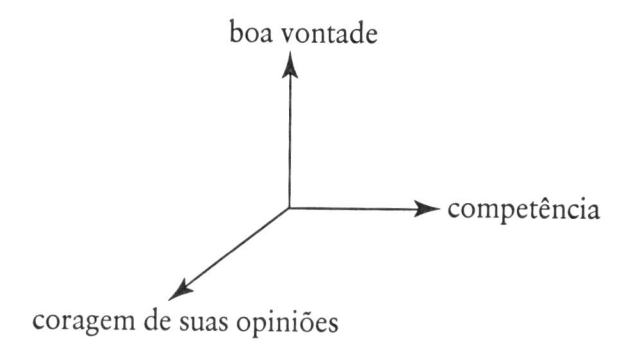

Diagrama para guardar no espírito quando se reflete
sobre o ritmo da mudança e a percepção do tempo.
Para consumir sem moderação!

CAPÍTULO 8

Ritmo e arritmia

O tempo não se reflete apenas no tempo dos relógios, nos intervalos e nas velocidades. Os ritmos são numerosos: biológico, social, cerebral, musical etc.

O conceito físico que corresponde ao ritmo é a freqüência, quer dizer, quantas vezes uma coisa se repete por unidade de tempo. Se alguma coisa se produz uma vez por segundo, a freqüência é de 1 Hz (hertz). O coração bate a cerca de 1 Hz. Se nos entregamos a algum esforço, baterá mais rápido, a 2 ou 3 Hz.

O ritmo daquilo que se produz uma vez por hora, quer dizer, uma vez a cada 3.600 segundos, é de 1/3.600 Hz, ou seja, 0,3 MHz (milihertz). É claro que, se se tentar combinar uma coisa cujo ritmo é de 1 Hz com uma outra cujo ritmo é em mHz ou μHz (microhertz), há o risco de se topar com alguns problemas. A razão de meu interesse pelo ritmo é que, no meu modo de ver, as diferenças de ritmo constituem uma fonte subestimada de dificuldades entre os homens, e entre os homens e o seu meio.

DIFERENÇA ENTRE O RITMO DO PENSAMENTO E O RITMO DA CONVERSA

O ritmo social e o ritmo do pensamento diferem profundamente. Pensar uma série de um milheiro de elementos quase não toma tempo. Em compensação, se temos vontade (ou se somos obrigados) de falar dos próprios pensamentos, pode-se falar eternamente sem nem por isso abordar todos os intermediários. Se, por acaso, encontrarmos alguém que pensa no mesmo ritmo e na mesma direção em relação a nós, sente-se uma alegria quase primitiva por essa correspondência dos ritmos — como acontece quando há correspondência de ritmos numa pista de dança.

Naturalmente, o ritmo de uma pessoa varia, mas isso não a impede de seguir um certo ritmo fundamental. E este último constitui uma das qualidades individuais mais importantes para diferenciá-la das outras. A interação entre os ritmos individuais pode, portanto, ter uma importância capital para as interações humanas.

É fascinante achar pessoas cujo ritmo corresponde ao seu. Arne Svensk, um de meus colaboradores, chamou a minha atenção para a maneira como o ritmo da reflexão pode aproximar ou separar as pessoas. Se o ritmo combina, quase não há limites para o apoio que um pode dar ao outro. Em compensação, se o ritmo não corresponde, qualquer ninharia acaba por provocar irritação.

Disse a mim mesma, então, que esse seja talvez o sinal de que nossos geradores de pensamento internos são constituídos, em grande parte, de geradores aleatórios e de sincronizadores. Geradores aleatórios que fazem tentativas e que são capazes de aprender alguma coisa com o resultado — que são próprios para criar saberes e sentimentos a partir de nossas experiências. E sincronizadores que mantêm a coesão do conjunto, sincronizadores individuais.

Suponhamos que essa imagem tenha lá o seu grau de verdade. Nesse caso, é surpreendente que haja uma experiência tão positiva quando se tem a sorte de encontrar uma pessoa que tenha o mesmo ritmo. Sente-se que os pensamentos estão na mesma faixa de onda, que os sincronizadores estão perfeitamente casados. Que felicidade sentir isso durante um breve instante! Por outro lado, é quase impossível ter um verdadeiro contato com uma pessoa que tenha um ritmo totalmente diferente do seu. Os dois sistemas de tempo se separam imediatamente.

É fascinante pensar que talvez haja, na Terra, muitas pessoas que tenham o mesmo ritmo, a mesma freqüência que a gente, ao menos em alguns domínios. Muito provavelmente não encontramos muitas delas. Não é a semelhança de ritmos que une as pessoas, mas a cultura, a religião, os interesses comuns, sem esquecer as circunstâncias.

Nós nos situamos em pequenas células — nas quais talvez não devêssemos absolutamente nos situar, uma vez que o mais importante, o ritmo, pode nos separar. Vale a pena, então, perguntarmos a nós mesmos se possuímos uma ou mais freqüências individuais fundamentais, como é o caso da voz. E talvez essas freqüências fundamentais do pensamento e dos sentimentos influenciem não apenas as nossas experiências, mas também a nossa interação com os nossos semelhantes.

Provavelmente não seria bom se chegássemos a criar células contendo unicamente pessoas com o mesmo ritmo. Mas essa possibilidade é de tal forma desprezível que nem farei qualquer advertência quanto a isso. Em vez disso, sugiro que mais gente se equipe de "vigilantes" interiores que procurem pessoas afinadas com o nosso ritmo. É muito agradável achar alguém que tenha o mesmo ritmo de pensamento que a gente.

RITMO INDIVIDUAL

Indivíduo — *que não se divide*. Uma pessoa é indivisível. Ninguém tem acesso à imensa maioria das comunicações que se produzem em nós. Aliás, nós mesmos desconhecemos uma grande parte dessas comunicações. Mas uma parte dos pensamentos é consciente — e esses pensamentos podem ser controlados.

As variações de meu próprio ritmo de pensamento, às vezes, me fazem rir. Não raro, ele é elevado, e freqüentemente até demais, para que eu consiga segui-lo. Mas às vezes é incrivelmente laborioso — o que, uma vez ou outra, é agradável. Acontece-me acordar com uma idéia que não me sai da cabeça e que continua a passear em círculos, lentamente, lentamente. Trata-se de uma idéia agradável, quando minha disposição de espírito também é agradável. Também acontece que eu seja um "monopensador" quando faço *jogging*. Uma única idéia preenche todo o meu *jogging*, às vezes, uma idéia insignificante. Faço uma pausa!

Creio que há situações em que os pensamentos "de alta freqüência" e "de baixa freqüência" desembocam em um único. Alguns ritmos se juntam, talvez, e se reforçam, outros se diferenciam e se excluem. Ou, às vezes, um pensamento à parte ou excêntrico se torna dominante, uma dessas idéias que se enraízam profundamente no espírito, de tal modo que não se contenta em dominar todas as engrenagens do pensamento, mas até lhes transmite o seu próprio ritmo.

Duas imagens interiores permitem que eu represente o modo pelo qual os ritmos se opõem ou colaboram entre si. A primeira é a da onda arrebatadora, contra a qual é inútil lutar, diante da qual não há outro remédio a não ser se dobrar. A segunda representa a maneira pela qual se forma essa enorme onda, a partir de um grande número de pequenas. Algumas seguem o ritmo desde o início e se reforçam mutuamente até formar aquela arrebatadora, outras não seguem o ritmo e se perdem na ressaca.

MODELO Nº 1

Gostaria agora de apresentar alguns modelos. Há algumas freqüências fundamentais para a minha reflexão, às quais as minhas idéias se adaptam. São modelos de alguma forma prioritários para a interpretação e o ritmo, modelos que engolem os ritmos novos e deles se servem para reforçar o ritmo preexistente.

Tomemos, por exemplo, a primeira impressão que tive da solidão existencial. Foi dominadora. Eu estava no curso primário, numa escolinha de aldeia, no fim dos anos 40. Um dia, uma idéia me veio ao espírito, de repente: "Ninguém pode saber o que eu penso, ninguém pode saber o que eu penso, ninguém pode saber o que eu penso." Provavelmente, esta idéia rodou pela minha cabeça mesmo quando eu não me lembrava dela. Em compensação, lembro-me de que cerrei os lábios. Essa sensação de que minhas idéias eram minhas e apenas minhas ainda suscita em mim uma recordação tátil e alegre. E tão forte que não posso me impedir de cerrar os lábios neste exato momento, só pelo fato de ter acabado de pensar nisso.

Você pode achar ridículo que eu esteja cerrando os lábios neste momento em que lhe conto essa historinha. Mas, de certo modo, trata-se de um lembrete útil: ninguém pode penetrar em minhas imagens interiores e avaliar a minha percepção do tempo e o meu ritmo. A cada um cabe remexer em suas próprias imagens interiores. Se, acaso, este livro lhe diz alguma coisa, será mais pelo que há nas entrelinhas, pelo que você mesmo descobre, do que pelo que escrevi.

Tudo o que um livro como este pode influenciar já está em você. Trata-se simplesmente de dar ao seu pensamento uma oportunidade de aparecer. Na melhor das hipóteses, estas linhas entrarão em ressonância com a sua corda interior, que já tem um mínimo de vibração. Quando a vibração se ampliar, isto é, quando a corda vibrar ainda mais, talvez você descubra idéias novas e insuspeitadas. Mas elas já poderiam estar em seu interior há muito, muito tempo.

MODELO Nº 2

Outra lembrança minha, que mostra a que ponto o que é individual, sem dúvida, desempenha um papel em nossas existências, também está ligada à escola. Eu tinha doze ou treze anos e a professora de trabalhos manuais disse uma frase que me levou a perguntar a mim mesma: "Será mesmo possível dizer isso?" Eu deveria fazer a pergunta a ela, mas não tive coragem. A situação era tão antipedagógica quanto seja possível imaginar. Alguém que ensina diz alguma coisa incompreensível, o aluno sente isso como coisa tão "desagradável" que não ousa fazer a pergunta. Mas o resultado teve um efeito, no mínimo, duradouro: nunca mais me esqueci daquela frase.

"As coisas são tão diferentes individualmente!"

Naquela situação, eu me perguntei se a professora tinha dito uma coisa de grande profundidade ou um perfeito absurdo. Não cheguei a saber. Afinal, sim, agora sei. Descobri, há algum tempo, que aquela frase carrega em si uma das maiores sutilezas da existência. Eu própria fiz dela uma divisa: "As coisas são muito diferentes individualmente." Essa frase me ajuda a compreender como duas pessoas que se acham na mesma situação, no entanto, a percebem de maneira totalmente diferente. Quando se pensa nessa situação idêntica encarada por duas pessoas, o que há de individual no próprio processo de lembrar já transformou as imagens que essas duas pessoas gravaram em sua respectiva memória em caricaturas da impressão original. Nesse caso, só uma foto ou um filme (ou, talvez, uma testemunha imparcial) poderá atestar que aquelas duas pessoas assistiram à mesma coisa. É que aquelas pessoas não tinham o mesmo ritmo — e não era a mesma coisa que metamorfoseou as oscilações interiores delas, transformando-as em grandes vibrações.

MODELO Nº 3

Ainda adolescente, vi uma peça em três atos de Brecht. Ato 1: vê-se uma mulher interna de um campo de concentração perguntando a si mesma quem a denunciara. Concluiu que deviam ter sido seus vizinhos. Ato 2: estamos entre os vizinhos. Eles não denunciaram a mulher em questão. Mas, nesse caso, tendo ela sido libertada ao fim de apenas seis meses, eles se fazem perguntas, e concluem que ela, com toda a certeza, prometeu denunciar pessoas — por isso teria sido libertada. Ato 3: a mulher volta a casa e cruza com os vizinhos. As duas partes fazem o máximo para se mostrar acolhedoras e confiantes umas com as outras — mas isso não vai dar certo!

Uma vez que a desconfiança está enraizada, é extremamente difícil acabar com ela. É como um casal na pista de dança que não ouve a melodia comum, mas cada um ouve a sua. O homem e a mulher que dançam não querem nem podem achar um ritmo comum.

A indiferença pode funcionar da mesma forma que a desconfiança. Assim, entre os meus colaboradores, há pessoas dotadas de uma inteligência viva, de uma grande criatividade, de uma sólida capacidade de trabalho e de uma integridade a toda prova. Mas algumas não gostam dos símbolos e das estruturas matemáticas. Se, do meu modo de ver, quero facilitar a compreensão de um raciocínio complicado por meio de algarismos e quadros, dá-se que, às vezes, chego ao resultado oposto. As cordas de meus ouvintes, que até então vibravam fortemente de maneira positiva, freiam bruscamente.

RITMO E ARRITMIA,
UMA HISTÓRIA EM SETE QUADROS

Certamente é possível nos adaptarmos a determinados ritmos e certamente é possível agüentar a arritmia — mas até certo ponto. Quero concluir este capítulo com uma série de exemplos variados. Não pense duas vezes: pode acrescentar exemplos seus.

1. Ritmos ao ar livre

Estou entre a maioria das pessoas que não gostam de passar roupa. Mas, se estou ao ar livre, esqueço que esse trabalho é desagradável. E, às vezes, sinto até mesmo prazer em passar roupa ao ar livre. Pode-se pensar que essa impressão vem do fato de que isso cheira bem, que há os pássaros e uma brisa suave. Mas há alguma coisa de mais profundo que mexe comigo — e se trata do ritmo ao ar livre. Ao ar livre, há um ritmo que se ajusta a mim, um ritmo no qual posso repousar. Dentro de casa, refresco a cabeça com música, mas nenhuma música chega a eliminar o aborrecimento de passar roupa. Na verdade, uma de minhas músicas preferidas para passar roupa é um dos *Concertos de Brandemburgo*.* Vocês podem me perguntar por quê. Eu seria totalmente incapaz de responder.

---

*Série de seis concertos (1721) de Bach considerados a sua mais perfeita obra instrumental. (*N. do T.*)

2. Ritmos da água

Muitos de nós somos capazes de ficar por longo tempo contemplando o mar sem fazer nada. O mesmo se dá em relação a um riacho em cujo leito há pedras e seixos. É possível que o mar faça nascer em nós um sentimento de eternidade — sim, o sentimento de eternidade é também um ritmo; aliás, um ritmo de freqüência zero. A água em movimento compassado, quer se trate do mar ou de um riacho, pode fazer nascer sentimentos de ritmo. Para não dizer do sol primaveril que cintila sobre um riacho!

3. Um frágil dom para o ritmo

A capacidade do homem de se adaptar ao ritmo certamente é boa, mas fica ridícula se a compararmos com a do beija-flor, por exemplo. Quando o beija-flor aspira o néctar de uma flor agitada pelo vento, realiza um movimento de acompanhamento que nenhum homem tem condições de realizar. Nossa capacidade de adaptação ao ritmo é muito fraca.

4. Ritmos da infância e ritmos da idade adulta

Alguns ritmos são exclusivos da infância. Terminada a refeição, as crianças estão em plena forma, enquanto a maioria dos adultos fica sonolenta depois de ingerir os alimentos.

E este é só um exemplo das muitas diferenças de ritmo entre as crianças e os adultos.

5. *Ritmos do tráfego*

Não conheço ninguém que tenha prazer em escutar os ritmos do tráfego. Mas certamente existirá alguém — "as coisas são muito diferentes individualmente". Entretanto, a maioria das pessoas se adapta aos ritmos atuais do tráfego. Os motoristas que não o fazem, na maior parte das vezes, agravam o problema. O ritmo do tráfego é diferente de acordo com o momento do dia. Na auto-estrada entre Lund e Malmö, o tráfego da parte da manhã é diferente de todos as outros. De manhã, todo mundo mantém uma velocidade constante e relativamente alta. Nada de nervosismo, nada de confusão, nada de ultrapassagens bruscas. Todos os que estão na longa, longa fila já a conhecem de muitas e muitas vezes. Já se habituaram ao ritmo compassado da manhã.

6. *Ritmos da pausa*

Creio que os fundistas têm um ritmo muito diferente daquele dos velocistas. Não se trata apenas de diferenças de capacidade de resistência ou de esforço concentrado, como uma explosão. Trata-se também da distância da pausa no tempo, quer dizer, da freqüência da pausa, do ritmo da pausa.

7. *A arritmia das reuniões*

E eis o meu último exemplo. Sete é um número sagrado, o que fica perfeitamente bem para este caso. E este será um não-exemplo: a reunião. Se o escolho, é por se tratar de uma das situações em que é maior minha sensibilidade à arritmia em curso. Muitas pessoas se reúnem para debater um assunto de maneira mais ou menos disciplinada (freqüentemente menos do que mais), segundo pontos de vista profundamente divergentes, para depois tomar uma decisão — eis um processo do qual me é quase impossível participar. Em outros tempos, eu conseguia escrever cartas ou pensar sobre novas idéias assumindo um ar de quem está acompanhando a reunião. Mas não consigo mais isso. Agora não agüento o absurdo da situação, e isso representa, para mim, uma abominação mental.

Acho que sou um caso à parte, porque a forma de reunião está amplamente espalhada. Os outros não parecem ter essa mesma rejeição a esse ritmo de pensamentos encadeados durante a reunião. Não tem grande importância o fato de que eu resista assim tão intensamente. Mas, de qualquer maneira, fico um bocado curiosa: há pessoas que se dão bem com o ritmo das reuniões? Ou será que essas pessoas têm uma sensibilidade menos suscetível e, portanto, uma tolerância maior à arritmia?

CAPÍTULO 9

Pensar para a frente, pensar ao contrário

Pode-se responder de duas maneiras à mais freqüentes das perguntas: por quê? A primeira é informando a causa, a segunda, a intenção. Este capítulo trata da diferença que existe entre uma visão voltada para trás (o passado), que se exprime nos termos de "por causa de", e uma visão voltada para a frente (o futuro), que se exprime em termos de "na intenção de".

O fato de que o tempo possui uma direção também constitui uma perspectiva essencial.

Vivemos com o nosso corpo direcionado para a frente. Nossas expectativas estão direcionadas para a frente, assim como as nossas intenções. Ninguém se mexeria de sua cadeira sem ter uma intenção. Do contrário, ficaríamos eternamente parados num lugar, como paralelepípedos. As intenções, conscientes ou inconscientes, são uma dessas perspectivas que diferenciam o que é vivo do que está morto. No que está vivo, há intenções inatas e adquiridas. Com o que está morto, isso não acontece. Neste caso, a única causalidade discernível é a maneira como o passado leva ao presente, não a maneira como o presente aponta para o futuro.

No contexto do ensino, é particularmente importante olhar para a frente. É curioso ver como nos concentramos freqüentemente nos conhecimentos prévios. Certamente, eles são importantes, mas tratam do que é passado. Também são muito importantes as palavras começadas em "pre", mas que se direcionam para a frente: premeditação, previdência, previsão.

TELEOLÓGICO E MECANICISTA

Vou começar pela reflexão de modo contrário, o pensamento *mecanicista* que descreve como um fenômeno aparece "por causa de".

←

Atribui-se às ciências naturais e físicas a responsabilidade pelo fato de que a humanidade parece considerar o universo, e tudo o mais, como um movimento de relógio. Nesse movimento de relógio, tudo deve ser ordenado no passado, no que já existe.

Permitam-me acrescentar que é injusto acusar as ciências naturais e físicas por essa abordagem. Uma coisa é mostrar que os fenômenos físicos seguem o que chamamos de leis naturais, quer dizer, as descrições humanas da maneira como funciona a "natureza". Mas é outra coisa acusar as ciências físicas e naturais pelo fato de essa abordagem ter-se espalhado bem além da ciência. Os cientistas absolutamente não são responsáveis por isso.

A *física* nada diz quanto ao homem e suas capacidades biológicas. Não foi como física que refleti aqui sobre o homem e sua memória. Não sou apenas uma pesquisadora, sou "um ser humano que por acaso é também um pesquisador". A partir disso é que me permito refletir sobre a memória e as conseqüências das diferentes teorias sobre a memória.

Há duas teorias diferentes. A primeira sustenta que o conteúdo da memória fica imutável. A segunda, que a memória se transforma sem cessar. Se a primeira estiver correta, então é perfeitamente possível que o homem seja sempre levado (consciente ou inconscientemente) por suas experiências passadas, como que preso a elas sem ter a possibilidade de reconsiderá-las ou de apagá-las. Nesse caso, podemos considerar nossas existências como razoavelmente mecanicistas: a maioria das coisas acontece "por causa de", e não porque temos intenções.

A segunda sustenta que o passado é sempre reconsiderado. Nesse caso, a memória não é apenas um processo de registro do que se passa no momento, mas também alguma coisa que muda continuamente.

Essas duas teorias são utilizadas paralelamente. A opinião de um psiquiatra pode variar de acordo com a teoria que ele siga. Se considerarmos que os acontecimentos são sempre presentes, gravados na memória como uma fotografia, os desenhos ou a narrativa de uma criança podem ser interpretados em um determinado sentido. Se se acredita que as lembranças podem ser modificadas pela memória, a interpretação será diferente. No contexto de um processo, o Tribunal deveria começar por perguntar ao psiquiatra que teoria ele reconhece como válida. Só depois de conhecidas as suas posições poder-se-ia levar em conta a sua condição de especialista.

PENSAMENTOS AO CONTRÁRIO, PARA O MELHOR E PARA O PIOR

Numa ampla medida, somos formados por nossas experiências. As experiências é que permitem que façamos associações, é que dão conhecimentos e sentimentos. É impossível imaginar uma pessoa que não pense nesse sentido contrário: até a novidade possui uma quantidade de experiências. No correr da existência, as experiências estão sempre presentes e têm uma influência considerável sobre a nossa personalidade, tanto nos detalhes como nos grandes traços.

Comparemos duas pessoas que saltam entre pedras à beira do mar. Cada uma escolhe caminhos diferentes e salta de modo totalmente diferente. Em cada salto, os nossos pensamentos inconscientes avaliam instantaneamente um monte de possibilidades referentes à escolha das pedras, à maneira de pousar o pé, à velocidade. A maior parte das possibilidades é escolhida pela experiência, que elimina as soluções menos vantajosas. A combinação individual de percepção da realidade e de experiências dá como resultado escolhas diferentes de pedras e de saltos para cada pessoa. Além disso, não se escolhe sempre da mesma maneira. E isso é bom. O desenvolvimento individual se veria totalmente bloqueado se não dispuséssemos de um desejo inato de tentar novas possibilidades. Não haverá repetição, uma vez que a variação, mais do que a repetição, é a mãe de todo aprendizado. Mas o antigo também é necessário para permitir a variação e a comparação com o que é novo.

Se a situação for inteiramente nova e se as experiências precedentes deixaram de ser pertinentes, não renunciar ao pensamento direcionado ao sentido contrário pode se revelar catastrófico. Uma criancinha que não tenha a experiência da fragilidade de determinada superfície de gelo pode avançar sem medo sobre uma superfície de gelo muito fina. E uma escola sem a experiência da internet e sua implicação sobre o ensino continuará a funcionar segundo as velhas relações aluno-professor, sem duvidar de nada.

PENSAMENTO LINEAR CONTRA PENSAMENTO CIRCULAR

Em todos os seus aspectos, o nosso pensamento é orientado de maneira linear. Numa tal cultura, portanto, muito importante analisar as conseqüências de um modo de pensar voltado para a frente ou para trás. Porém, numa cultura enraizada num pensamento circular, acaso a direção não desempenha o mesmo papel? Examinemos, então, por um momento a tradição grega e a tradição chinesa.

A cultura grega tem uma influência profunda sobre a nossa. Na Antigüidade, considerava-se que tudo era constituído de quatro elementos independentes: a terra, a água, o ar e o fogo. Esses elementos se combinavam em parte com as suas qualidades (frio, úmido, quente e seco), em parte com os equivalentes humanos, sob a forma de líquidos orgânicos (bílis negra, fleuma, sangue e bílis negra de novo), e com as qualidades que representam o caráter e o temperamento (melancólico, fleumático, sangüíneo e colérico). Esse modelo baseava-se na necessidade de que os quatro elementos fossem independentes uns dos outros e que absolutamente não fossem hierarquizados.

Na China antiga, havia cinco elementos (metal, árvore, terra, água e fogo) em vez dos quatro ocidentais. Esses cinco elementos dependiam uns dos outros. Deviam seguir uma ordem precisa — um círculo. O metal (1) ataca a árvore (2) (pode-se cortar a madeira com um pedaço de metal), a árvore ataca a terra (3) (pode-se raspar a terra com um ancinho de madeira), a terra ataca a água (4) (a terra absorve a água), a água ataca o fogo (5) (a água extingue o fogo). E, para coroar tudo, o fogo ataca o metal (1), porque o fogo faz o metal fundir-se. Fecha-se o círculo.

É possível aplicar a diferença entre os modos de pensar grego e chinês (linear opondo-se a circular) à maneira como se percebe o tempo: progressivo ou cíclico.

Em nossa cultura linear, deslocou-se a direção do eixo do tempo. Os gregos valorizavam a intenção, enquanto a nossa época valoriza a precedência da causa em relação ao efeito.

➡

Na antigüidade grega, se uma criancinha perguntava: "Por que há uma bolota aqui?", a resposta era: "Há uma bolota para que possa nascer um carvalho." Os gregos usavam um modelo explicativo teleológico, quer dizer, que afirma a finalidade no mundo. Em compensação, se você estiver, hoje, passeando com uma criança e ela lhe fizer uma pergunta sobre a bolota, você responderá: "Meu menino, levante a cabeça. Veja, há um carvalho aqui. A bolota caiu do carvalho." Em nossos modelos de pensamento, a causa deve preceder o efeito.

Poucas pessoas percebem que a força motriz do nosso tempo, a técnica, segue um modo de pensar que é precisamente teleológico. Se se fabrica um relógio, *é com a intenção* de que ele dê a hora. Por assim dizer, o construtor inclui a sua intenção no relógio. Se, em seguida, ele aplica o modelo explicativo das ciências naturais e físicas e explica que o relógio funciona por causa disso e daquilo, isso não muda o essencial: ele construiu o relógio a partir de uma perspectiva "na intenção de".

E se aprendêssemos buscando intenções e não apenas causas? Todo conhecimento novo, das profundezas do universo até o mais ínfimo detalhe do microcosmo, nos surpreende mostrando a que ponto a construção da natureza parece funcional e incomparavelmente prática. Entretanto, recusamo-nos obstinadamente a procurar estruturas de conhecimentos baseados nas intenções. É razoável? Não deveríamos, antes, permitir-nos a tendência para uma economia do pensamento? E ousar dizer que é bom pensar e viver segundo pensamentos e idéias econômicas? E se as pessoas que se dedicam à pesquisa fossem mais atraídas pelas intenções (ou finalidades) do que pelas causas? Isso seria coisa para as mulheres, talvez?

PENSAMENTOS DIRECIONADOS PARA A FRENTE. VISÕES

Pensar para a frente consiste, em grande parte, em ter visões, representações interiores sobre o modo como as coisas podem acontecer, e tentar em seguida realizá-las. Quando visitei a grande exposição sobre Leonardo da Vinci, surpreendi-me a meditar. Pensei na quantidade de coisas que esse homem deve ter visto interiormente. O fervilhar constante de suas imagens interiores concretas constituía o seu dom mais importante. Certamente, foi o seu extremo talento de desenhista e pintor que o tornou célebre em seu tempo e o fez ganhar a posteridade. Porém, o mais espantoso, para mim, na riqueza de sua pintura e em sua produtividade colossal são precisamente a intensidade, a quantidade e o caráter concreto de suas imagens interiores de que dão testemunho seus quadros e seus desenhos.

Nós, que não somos artistas, também temos imagens interiores. Vemos essas imagens mais claramente ou menos claramente. Utilizamos essas imagens mais consciente ou menos conscientemente. Mas aqui temos alguma coisa em comum com os artistas: as imagens interiores é que nos dirigem. Quanto mais concretas ou carregadas de emoção, mais fortemente nos conduzem. Trata-se, portanto, de um fato no mínimo infeliz que a maioria das pessoas e dos sistemas não perceba uma boa idéia nova como especialmente concreta e, portanto, diretriz desde o início.

Em compensação, o problema que vemos interiormente, desde que pensamos em realizar uma idéia, é bem concreto, sim. E, como se não bastasse que sejam concretas, as imagens do problema freqüentemente ainda são carregadas de emoções. O que faz com que o problema em que pensamos facilmente predomine sobre as visões. Simplesmente não chegamos a tornar as idéias construtivas tão concretas e carregadas de emoção como as imagens do problema. Assim, quantidades de idéias morrem no ovo.

RETROVISÃO

Existe um meio para superar isso: voltar no tempo, por meio da "retrovisão". Como é isso? Imagine a situação daqui a cinco anos. Ponha-se lá e olhe para trás. Tente definir como você chegou lá. Estabeleça um planejamento, marque as etapas, as datas-limite etc. Minha experiência de dirigir trabalhos no domínio da pesquisa me ensinou que muitas pessoas têm enorme dificuldade em tornar concretas as suas visões quando precisam pensar para a frente (no futuro). Mas, se transformam a questão, começando por tratá-la como coisa que já existe, e olhando no retrovisor, tudo vai muito melhor.

Muitas vezes, me perguntei por que isso é mais fácil — porque visivelmente o é. Creio que seja porque, nesse caso, estamos nos servindo de nossa memória. Acreditamos já saber como chegamos a esse ponto. É um método utilizado para pensar para trás (no passado). Portanto, é possível utilizá-lo, com sucesso, para o futuro. Basta começar por fingir que a coisa já existe.

Uma das muitas vantagens do método da retrovisão é que os problemas não têm essa importância esmagadora que é a sua característica quando olhamos no sentido do futuro. Com a retrovisão, eles se tornam relativamente mensurados. Vemos no retrovisor do mesmo modo que quando nos lembramos. E o problema não domina a nossa memória. Ao contrário, muitos de nós guardam na memória imagens que, na verdade, reduzem os problemas que realmente existem. Será que uma combinação em que a visão dos problemas dominasse e em que a retrovisão reduzisse os problemas não criaria em nós uma atitude a um só tempo justa e realista em relação ao futuro?

Podemos nos basear num raciocínio da filosofia clássica quando continuamos a refletir sobre as vantagens da retrovisão. Esse raciocínio figura num episódio de conquista militar de uma cidade estrangeira. A discussão se concentrava nos diferentes meios de se apoderar das fortalezas. Haveria necessidade de escadas, o assalto, o bloqueio — e assim deixar faminta a população da cidade? Atirar flechas? Tentar pôr fogo na cidade? O tipo de estratégia de ataque dominava todos os pensamentos dos que se preparavam para o assalto. Até que alguém disse: *Vamos supor que já assaltamos a cidade. De que vai nos servir isso?*

A resposta a essa pergunta levaria talvez a evitar o ataque ou a trabalhar no sentido de adaptar o método de assalto aos efeitos de sua duração, tendo em vista o que se pretende fazer com a cidade.

Meu interesse quanto à retrovisão tem como objetivo melhorar não as estratégias militares, mas as estratégias civis. Para atingir determinada meta, muito se ganha tentando vê-la com o olhar que se deveria ter quando lá chegarmos.

SACRIFICADOS SOBRE O ALTAR
DA IRREALIDADE

Tudo aquilo que eu disse até aqui se baseia no pressuposto de que podemos refletir (para frente ou ao contrário) sobre o concreto, sobre o que corresponde a alguma coisa no mundo real. Se devêssemos refletir sobre alguma coisa de irreal, pouco importaria a direção na qual voltaríamos o nosso olhar sobre o eixo do tempo.

E se o sentimento de irrealidade que tive na Exposição Universal de Lisboa, em 1998, fosse um indicador preciso? Percorrendo-a, tive a impressão de que se tratava mais de uma exposição de marcas do que de produtos, como se se tratasse, antes de tudo, de nos mostrar abstrações, símbolos — da irrealidade. Então, chegamos a isso?

Idéia semelhante me veio recentemente ao espírito, comparando a nossa herança ecológica comum (o solo, o ar e a água) e a nossa herança telecultural comum (os veículos de comunicação, o dinheiro eletrônico e a indústria do lazer). São esses três últimos que influenciam diariamente os nossos pensamentos e que imperceptivelmente vêm dominando as nossas reflexões sobre os átomos do meio ambiente — no solo, no ar, na água. Se a telecultura é mais importante que a nossa herança ecológica comum, partes da informática (do espectro eletromagnético) talvez se tenham tornado os recursos naturais mais importantes do nosso tempo. De maneira sintomática, nada disso é visível. Nada disso pode mudar a partir de gestos exteriores. A partilha é decidida por acordos internacionais que só merecem minúsculas notas de coluna em nossos jornais.

Em O *pequeno príncipe,* Antoine de Saint-Exupéry consegue exprimir o que melhor liga o passado e o futuro. Eis um trecho do diálogo entre o pequeno príncipe e a raposa:

— Foi o tempo que perdeste com tua rosa que fez tua rosa tão importante.

— Foi o tempo que eu perdi com a minha rosa... — repetiu o principezinho, a fim de se lembrar.

— Os homens esqueceram essa verdade — disse a raposa. — Mas tu não a deves esquecer. Tu te tornas eternamente responsável por aquilo que cativas. Tu és responsável pela rosa...

— Eu sou responsável pela minha rosa... — repetiu o principezinho, a fim de se lembrar.*

Que nos preocupemos com alguma coisa ou com alguém, que "cativemos" alguma coisa ou alguém, no mundo real ou irreal, é isso o que nos dá a melhor sensação de estarmos mergulhados na existência. É isso o que nos dá uma finalidade e nos dá um sentido — nas duas direções.

---

*Preferimos aqui — a traduzirmos nós esse trecho — utilizar a tradução de Dom Marcos Barbosa, um clássico entre os trabalhos de tradução no Brasil. Ver p. 74 de O *pequeno príncipe,* Antoine de Saint-Exupéry, Livraria Agir Editora, 7ª edição, Rio de Janeiro, 1960. (N. do T.)

CAPÍTULO 10

Por que há tão poucos caniches?

Sua representação do tempo se baseia num pequeno número de representações interiores fundamentais. Será que este livro mudará algumas? Porque é importante permitir que novas idéias influenciem a sua representação do mundo. Se permitir essa influência das novas idéias, e se também conseguir rir um pouquinho de si mesmo, talvez se sinta aliviado por ter zombado da maneira como as representações interiores de outras pessoas conduziram a vida delas. Vamos, então, voltar ainda uma vez aos gregos e ao número *dez*.

Este é o décimo e último capítulo. Não por acaso. Desde o início, eu tinha decidido isso. Não apenas porque temos dez dedos nas mãos, dez dedos nos pés e um sistema decimal (isto é, baseado no número dez), mas também porque isso me dá a possibilidade de falar do número 10 na mística dos números gregos.

Naquela época, os números inteiros tinham um valor especial, sobretudo os primeiros deles:

1 correspondia ao ponto
2 correspondia à linha
3 correspondia à superfície
4 correspondia ao volume.

Assim, cobriam-se todas as dimensões espaciais disponíveis (não nos esqueçamos de que o homem quase nada compreende da dimensão temporal). Se 1, 2, 3 e 4 eram sagrados, a soma desses números deveria ser ainda mais sagrada, não é mesmo? E o que dá a soma de 1+2+3+4? Muito bem, 10, precisamente.

De modo que o número 10 dirigiu totalmente as idéias do mundo grego. Por exemplo, quando se chegou a contar 9 fenômenos celestes particulares (misturavam-se alegremente o Sol e a Lua, os planetas e algumas estrelas), mas sabia-se que *deveria* haver 10 deles, não havia escolha. Inventou-se então uma Anti-Terra, que situaram atrás do Sol. Uma vez que o Sol girava em torno da Terra, o mesmo se dava em relação à Anti-Terra, do outro lado do Sol.

Dessa maneira, estabeleceu-se uma verdade que não poderia ser nem questionada nem controlada, uma dessas verdades perigosas. Era assim, porque deveria ser assim. Mas observe-se bem que não se agia como se a Anti-Terra tivesse sido "inventada". A Anti-Terra existia porque devia estar lá.

O mesmo acontece com a idéia atual de que "não temos tempo". Dizer que nos falta tempo, porque não temos tempo, não chega a ser uma grande sutileza. Mas, apesar de tudo, a força dessa opinião é grande.

REPRESENTAÇÕES DO TEMPO

Todos temos as nossas representações sobre como as coisas deveriam ser. Esforçamo-nos por fazer com que as coisas sejam assim. Este livro é um pouco sério, porque eu *quis* assim. Talvez, *a posteriori*, seja tão risível como as racionalizações dos gregos. Afinal, não seria tão ruim que eu provocasse algumas boas gargalhadas. Rimos muito pouco, hoje em dia.

"O tempo de rir" está incluído na lista das atividades de que nós, seres humanos, temos necessidade. Em *Necessidades elementares e seu tempo*, Guido Schwartz estabelece uma lista de onze necessidades elementares, quer dizer, necessidades que o homem precisa satisfazer para sobreviver. Reflita sobre esta lista e veja se nela você quer trocar alguma coisa:

> *dormir*
> *beber*
> *comer*
> *ir ao banheiro*
> *proteger-se do calor, do frio, do vento*
> *ter relações sociais*
> *rir*
> *ter relações sexuais*
> *chorar*
> *extasiar-se*
> *meditar*

PAPAGAIOS, CAMALEÕES E *CANICHES*

Exige muitos esforços a mudança de hábitos baseados num tempo planificado, hábitos que nascem da impressão de que nunca temos tempo, hábitos cuja origem talvez seja um sentimento de absurdo. Faço questão de apresentar um grupo pessoal de animais que haverá de revelar alguma utilidade. Compõe-se esse grupo de papagaios, camaleões e *caniches*.*

Diz-se que o papagaio simboliza tudo aquilo que somos obrigados a imitar em torno de nós. Todos aqueles malabarismos necessários (e muito simples) que temos de fazer para que a nossa existência seja reconhecida. Um emprego do tempo sobrecarregado, um tempo dividido, um telefone que não pára de tocar, um sentimento crescente de falta de adaptação e de insuficiência.

Tomemos, em seguida, alguns camaleões. Quero dizer aqui dos camaleões que eles fazem pensar nos papagaios ou se parecem com eles (os papagaios sempre querem fazer *tudo*!), mas viraram casaca, talvez, ou assumiram outra forma. Assim, no mundo dos camaleões, o tempo de parada e o tempo inteiro são permitidos. É possível consagrar-se a isso com a

---

*Raça de cachorros, por assim dizer, ornamentais, descendente do cachorro-d'água (ou, em francês, *barbet*). Há duas variedades de *caniche*: o de farto pêlo lanudo encaracolado e o de pêlo encordado (enrolado como corda). Em cada uma dessas variedades, o *caniche* pode ser classificado pelo tamanho em *caniche* anão, médio e grande. A pelagem é unicolorida: branca, marrom ou preta. Trata-se de um cachorro extremamente inteligente, muito devotado ao dono e de fidelidade proverbial. Para que o leitor brasileiro possa visualizá-lo melhor, deve-se dizer que a raça *caniche* é parenta próxima do *poodle* (coisa como prima-irmã, talvez), pois o *poodle* é bem mais comum no Brasil e parecidíssimo com o *caniche*. *(N. do T.)*

condição de que a soma das atividades realizadas seja a mesma. Isso já constitui um grande progresso que permitirá a você sentir-se muito melhor.

Para terminar, crie um pequeno número de *caniches*. Eles representam suas tentativas que se concentram na essência do *caniche*. Eis o que quero dizer com isso: tentar achar o que há nos bastidores, atingir os sonhos interiores, ultrapassar todas as aparências. Se é pequeno o número de *caniches*, é justamente porque é muito difícil descobrir a novidade. É difícil libertar-se, agir diferente de todo mundo, é difícil chegar a pensar numa coisa autenticamente nova. Às vezes, digo a mim mesma que os *caniches* são particularmente raros no contexto do tempo. São precisamente as considerações, as idéias sobre o tempo que levam mais tempo para se renovar.

Se, por acaso, um raio de genialidade nos iluminar, se a gente for ao fundo das coisas e se transformar em *caniche*, não chega absolutamente a ser evidente que ousamos falar dessa nova idéia — ou que os que nos rodeiam permitam que tentemos realizá-la. Há uma série de obstáculos, porém, o mais forte é o medo daquilo que é diferente. Também pode ser que seja falta de compreensão: a novidade não se encaixa no quadro da imagem do mundo estabelecido. Então, nós nos recusamos a vê-la. Ou, ainda, o inovador é acusado de fazer as coisas "atravessadas".

Às vezes, dissimula-se a desaprovação da novidade brandindo a ameaça do Grande Perigo: "Como seria se todo mundo fizesse isso?" Nesse caso, basta responder: "Tudo iria muito bem, obrigado, entre outras coisas porque não é todo mundo que faz assim!" O risco de que os *caniches* venham a dominar os papagaios e os camaleões é mínimo. Os *caniches*, na verdade, estão fortemente ameaçados de extinção. Desde que surgiram, o crescimento da raça sempre foi muito pequeno.

Um dos grandes entraves para o desenvolvimento dos *caniches* está numa visão pessimista do futuro amplamente difundida. Porque, se absolutamente não houver futuro, não valerá a pena achar algo de novo, não é verdade?

OS PAPAGAIOS E A IMITAÇÃO RÁPIDA

Esse pessimismo do Ocidente diante do futuro é um monopólio sem a contrapartida das obrigações. Certamente a inquietude é justificada por alguns pontos, mas freqüentemente se esquece do essencial: o homem. Não se considera o fato de que o homem possa agir, no futuro.

> *O otimismo é, em sua essência,*
> *não um ponto de vista sobre a situação atual,*
> *mas uma força vital,*
> *a força de ter esperança quando os outros se*
>   *resignam,*
> *a força de suportar os infortúnios,*
> *uma força que não deixa o futuro*
> *nas mãos do pessimista,*
> *mas o reivindica como esperança.*

Essas palavras foram escritas pelo teólogo alemão Dietrich Bonhöffer (1906-1945), quando estava num campo de concentração, à espera de ser executado. Ele resistiu, como é da essência do *caniche*. E você?

A maneira como o seu eventual pessimismo influirá sobre os outros depende de sua profissão. Um professor que já não creia no futuro deveria encarar com seriedade a hipótese de demitir-se. Não é possível, racionalmente, trabalhar numa escola que, por definição, é uma instituição voltada para o futuro, se se tiver uma visão pessimista dele. Espalhar chuvas ácidas mentais sobre as crianças deveria ser considerado um defeito profissional.

Diz-se freqüentemente que entregar-se não é digno do homem. Isso deveria ser expresso de modo mais contundente ainda: não é humano entregar-se. O homem não foi feito para isso. Imagine uma pessoa que não sabe nadar e caia na água. Não é normal, mesmo em se tratando de uma experiência abstrata, que a pessoa em questão diga: "Não sei nadar, entretanto tenho todo o interesse em me deixar afundar." Não, essa pessoa vai se debater e se agitar tanto quanto puder. E, talvez, até se agite mais quanto menos consiga nadar. Mas não vai simplesmente abandonar tudo só porque as possibilidades parecem esgotadas.

O futuro não é constituído de uma estrada montanhosa que vamos todos percorrer ao mesmo tempo. Não existe mais precipício no qual todos iremos cair. Faremos o que o homem sempre fez: nós tentaremos.

Se você participa desse ponto de vista, cuide dele com muito amor. Trata-se de um pressuposto dos bons pensamentos sobre o tempo. Não se preocupe se encontrar resistências. Não é muito fácil para os outros considerá-lo um *caniche*, se nunca viram outra coisa a não ser os papagaios.

EU ME INTERROGO...

Escrevi, no prefácio, que boa parte dos pontos abordados neste livro me é familiar há mais de vinte anos. E se eu me projetasse vinte anos para a frente: o que é, nesse caso, que eu desejaria saber? Cada consideração que fiz neste livro carrega em si outras reflexões. A mais forte é também a mais provocante: em que medida a quantidade de mudanças radicais no decorrer de uma existência terá mudado? (Sei que não há uma vida inteira até 2019, mas é a tendência que me interessa.)

O homem é (para si mesmo) a medida de todas as coisas. Assim, a duração da vida de um ser humano constitui *uma* medida. O ritmo de mudança contínua que um homem pode aceitar é uma outra medida. Mas o ritmo de mudança não influi sempre como se acredita.

Um exemplo simples: se o número de pratos que você pode escolher no almoço passa de dez a mil, isso não constitui uma mudança radical para você. Você mostra que é a medida de tudo com o fato de não almoçar mais de uma vez por dia. Mas a variedade do cardápio do almoço, assim como a sua multiplicidade crescente, oferece a você maiores possibilidades de diferenciá-lo de seu meio ambiente. Isso influi (para melhor ou para pior) sobre as interações sociais exteriores.

Acredito, porém, que as interações sociais *interiores* são as mais importantes. Aquilo que o marca, que o caracteriza, não pára de lhe dar medidas para apreender a novidade. Até certo ponto? Poderá uma geração suportar, verdadeiramente, qualquer número de mudanças de características? Assim, envelheceremos mais rapidamente no futuro, e isso por necessidade natural? Será que a vida humana vai ser encurtada para permitir que um número razoável de mudanças se produza no curso de sua existência?

Nada indica que o ritmo da mudança vá ser constante, quer dizer, que duas mudanças, em 1999, serão seguidas de duas mudanças, no ano 2000 etc., dando, assim, um total de quarenta mudanças de hoje (1999) até o ano de 2019, por exemplo.

Não. Parece mais provável que uma duplicação do ritmo de mudança, em 1999, dará uma duplicação suplementar, no ano de 2001 (o que significa um fator 4). Isso representa uma multiplicação por oito, em 2001, por dezesseis em 2002... Faça o cálculo até o ano de 2019. O resultado será um número de uma grandeza absurda.

Não acredito que a quantidade de mudanças radicais no decorrer da existência será modificada nessas proporções (nem mesmo que as mudanças possam ser medidas em "pedaços"), mas, ao mesmo tempo, não vejo o que poderia impedir as funções exponenciais artificiais de prosseguir o seu curso. Por isso é que me interrogo e me permito pensar que é importante que muito mais pessoas reflitam sobre a sua relação com o tempo.

Este livro foi impresso nas oficinas da
Distribuidora Record de Serviços de Imprensa S.A.
Rua Argentina, 171 – Rio de Janeiro, RJ
para a
Editora José Olympio Ltda.
em março de 2004

*

72º aniversário desta Casa de livros, fundada em 29.11.1931